Christian Sickel

Verkaufsfaktor Kundennutzen

Christian Sickel

Verkaufsfaktor Kundennutzen

Konkreten Bedarf ermitteln,
aus Kundensicht argumentieren,
maßgeschneiderte Lösungen
präsentieren

4., erweiterte Auflage

GABLER

Bibliografische Information Der Deutschen Nationalbibliothek
Die Deutsche Nationalbibliothek verzeichnet diese Publikation in der
Deutschen Nationalbibliografie; detaillierte bibliografische Daten sind im Internet
über <http://dnb.d-nb.de> abrufbar.

Das Buch erschien in der 1. Auflage unter dem Titel „Ohne Nutzen kein Verkauf".

1. Auflage 1999
2., erweiterte Auflage 2003
3., erweiterte Auflage 2006
4., erweiterte Auflage 2008

Alle Rechte vorbehalten
© Betriebswirtschaftlicher Verlag Dr. Th. Gabler | GWV Fachverlage GmbH,
Wiesbaden 2008

Lektorat: Manuela Eckstein

Der Gabler Verlag ist ein Unternehmen von Springer Science+Business Media.
www.gabler.de

Das Werk einschließlich aller seiner Teile ist urheberrechtlich geschützt. Jede Verwertung außerhalb der engen Grenzen des Urheberrechtsgesetzes ist ohne Zustimmung des Verlags unzulässig und strafbar. Das gilt insbesondere für Vervielfältigungen, Übersetzungen, Mikroverfilmungen und die Einspeicherung und Verarbeitung in elektronischen Systemen.

Die Wiedergabe von Gebrauchsnamen, Handelsnamen, Warenbezeichnungen usw. in diesem Werk berechtigt auch ohne besondere Kennzeichnung nicht zu der Annahme, dass solche Namen im Sinne der Warenzeichen- und Markenschutz-Gesetzgebung als frei zu betrachten wären und daher von jedermann benutzt werden dürften.

Umschlaggestaltung: Nina Faber de.sign, Wiesbaden
Satz: ITS Text und Satz Anne Fuchs, Pfofeld-Langlau
Druck und buchbinderische Verarbeitung: Wilhelm & Adam, Heusenstamm
Gedruckt auf säurefreiem und chlorfrei gebleichtem Papier
Printed in Germany

ISBN 978-3-8349-0951-0

Vorwort

Es genügt nicht, dass Unternehmen hervorragende Produkte herstellen, ausgezeichnete Dienstleistungen anbieten oder mit perfektem Service aufwarten. Allein mit diesen, noch so positiven Eigenschaften können Sie zwei entscheidende Fragen Ihres Gegenübers nicht beantworten: „Brauche ich das?" und „Was nützt mir das?" Bedarf und Nutzen geben dem Verkauf erst einen Sinn. Beachten Sie bitte, dass hiermit nicht gemeint ist, was der Verkäufer als Bedarf oder Nutzen erkennt, sondern das, was der Kunde als solchen be*ja*ht.

Oft wird – auch im Verkauf von Lösungen oder so genannten erklärungsbedürftigen Wirtschaftsgütern – angenommen, dass die Brücke zwischen Produkt und Bedarf der Preis sei. Irrtum! Der herausgearbeitete Nutzen, den ein Kunde erkennt, bestimmt den Wert eines Produkts oder einer Lösung. Die Idee, ein Produkt herzustellen oder eine Dienstleistung anzubieten, entspringt aus der Tatsache, dass es für den Nutzer einen Gewinn darstellt. Ein Erzeugnis, das einzig und allein existiert, weil es billig ist, gibt es auf dieser Welt nicht.

Immer noch existieren im Vertrieb zwei Lager: die Lösungs- und die Produktverkäufer. Die Lösungsverkäufer meinen, sie hätten es besonders schwer, weil sie dem Kunden nichts zum Anfassen zeigen können wie die Produktverkäufer. Die Produktverkäufer glauben, sie hätten es besonders schwer, weil ihre Produkte vergleichbarer sind als die der Lösungsverkäufer. In Wirklichkeit erschweren sich beide Lager ihren Verkauf. Die einen reden viel zu viel von ihren intelligenten Lösungen, die anderen zeigen viel zu viel von ihren tollen Produkten. Und das soll der Kunde dann super finden.

Nun gewinnt im Verkauf aber nicht derjenige, der objektiv betrachtet die bessere Lösung oder das bessere Produkt hat, sondern derjenige, dem es gelingt, sein Angebot in den Augen des Kunden so zu positionieren, dass dieser es als das bessere empfindet.

Dabei ist es nebensächlich, *was* Sie verkaufen. Entscheidend ist immer, *wie* Sie es verkaufen. Denn:

> *Maßgeblich entscheidend für den Verkauf von Produkten und Lösungen ist nicht, wie wunderbar und innovativ Sie sind. Ausschlaggebend ist, ob Sie eine Antwort auf das geben, was Ihre Kunden mehr oder weniger bewusst beschäftigt. Etwas, worauf die Kunden warten, ohne es manchmal selbst zu wissen.*

Erst wenn Sie dem Kunden helfen, aus dem, was ihn beschäftigt, eine konkrete Bedarfssituation zu formulieren, haben Sie die erfolgreiche Basis für Ihren späteren Verkauf geschaffen.

Ein Bedarf ist immer eine Mangelsituation, eine Unzufriedenheit oder ein Problem. Wenn es Ihnen also gemeinsam mit Ihrem Kunden gelingt, seinen Bedarf zu erkennen und zu konkretisieren, haben Sie drei Dinge erreicht:

1. Der Kunde empfindet Sie als kompetent (wer ein Problem erkennt, dem traut man auch die Lösung zu).

2. Sie haben einen immensen Wettbewerbsvorsprung.

3. Der Preis Ihres Angebotes tritt in den Hintergrund.

Sie werden in diesem Buch damit vertraut gemacht, wie es gelingt, den Bedarf, den Sie bei jedem Kunden *vermuten,* zu einem für den Kunden *konkreten* Bedarf auszubauen. Mit den angeführten Beispielen wird es Ihnen später leicht fallen, den *Mehrwert* Ihres Angebots für den Kunden mit einer individuellen Nutzenargumentation *sichtbar* zu machen.

Gestandene Verkäufer werden vielleicht milde lächelnd denken: „Aha, ein Buch für Anfänger!" Trotzdem werden auch sie hier Übungen finden, deren Lösungen am Ende des Buches sie vermutlich überraschen werden.

Um Sie noch besser dabei zu unterstützen, sich zum wahren Nutzenverkäufer zu qualifizieren, habe ich dieser Auflage noch einige Umsetzungshilfen beigefügt. Sie finden Formulierungshilfen für Fragen und Übungen, die Sie allein oder im Team durchführen können. Denn Produkte und Lösungen gleichen sich. Der Kundennutzen hingegen ist immer individuell. Je mehr Sie den Bedarf des Kunden konkretisieren können, desto größer ist Ihre Chance, erfolgreich zu sein. Besonders in komplexen Verkaufssituationen, in denen Sie mit verschiedenen Gesprächspartnern auf unterschiedlichen Hierarchieebenen sprechen, wird deutlich, dass Ihre Verhandlungspartner neben dem geschäftlichen Nutzen auch immer einen persönlichen Gewinn aus Ihrem Angebot ziehen möchten.

Heute haben Sie es im Allgemeinen mit komplexen Verkaufssituationen zu tun. Sie müssen Ihr Augenmerk auf mehrere Personen im Kundenunternehmen richten, die entscheidenden Gesprächspartner identifizieren und für sie eine individuelle Nutzenargumentation erarbeiten. Überdies werden die Budgets bei Kunden immer kleiner, sodass neue Wege, aktiv auf den Kunden zuzugehen, immer erfolgsentscheidender werden. Und natürlich werden Sie erst vom Kunden als Lösungsverkäufer oder Problemlöser wahrgenommen, wenn Sie ihm mit der richtigen Verkaufsstrategie begegnen. Ich habe mich bemüht, diesen veränderten Einkaufsgewohnheiten von Unternehmen Rechnung zu tragen.

Jetzt wünsche ich Ihnen mit diesem Buch viel Spaß und bei der Umsetzung in Ihrem Verkaufsalltag viel Erfolg!

Köln, im März 2008   Ihr CHRISTIAN SICKEL

Inhalt

Vorwort 5

1. **Einführung** 11
   Vermuteter und konkreter Bedarf 11
   Merkmal, Vorteil, Nutzen 16
   Was kennzeichnet die Nutzenargumentation im
   Dienstleistungs- oder Lösungsverkauf? 29

2. **Die Methode** 35
   Phase 1: Orientierungsfragen 36
   Phase 2: Problemfragen 37
   Phase 3: Auswirkungsfragen 40
   Phase 4: Lösungsfragen 42

3. **Praktische Anwendung** 49
   Warum sollten Sie Fragen stellen, und wie wird Ihr
   Verkauf hierdurch unterstützt? 49
   Wie unterscheiden sich die verschiedenen
   Fragetypen? 52
   Wie Sie günstige und riskante Zeitpunkte für die
   verschiedenen Fragen erkennen 56
   Welche unterschiedlichen Möglichkeiten haben Sie,
   Ihre Fragen zu formulieren? 66
   Wen Sie was fragen sollten 81
   Die richtigen Fragen für den richtigen Kundentyp . 86
   Ideen zur Umsetzung 91

4. Die richtigen Gesprächspartner für Ihre Lösung
   finden 101
   Die Nutzenargumentation in der Akquisitionsphase 106
   Aufgabenstellung bei der Neukundenakquisition ... 109

5. Welche Verkaufsstrategie den meisten Erfolg
   beschert 117

6. Die Kundenorganisation besser durchdringen 129

7. Die Phasen eines Kundenbesuchs 133

8. Die Zusage des Kunden erlangen 143

9. Der Nutzen und der Preis 151

10. Einwandbehandlung 161
    Wie Sie Einwände vermeiden 162
    Kategorien von Einwänden 168
    Vorgehensweise 169
    Die taktische Behandlung von Einwänden 173

11. Der Umgang mit Vorwänden 187

Lösungen 193

Literatur 201

Stichwortverzeichnis 202

Der Autor 204

1. Einführung

Vermuteter und konkreter Bedarf

Ein Hauptgedanke im Verkauf ist der Bedarf. Ohne ihn würden sich Menschen nicht dazu entschließen, bestimmte Produkte zu kaufen. Bedarf nennen wir Aussagen des Kunden über seine Wünsche, Ziele und Bedürfnisse. Um herauszufinden, ob das Produkt oder die Dienstleistung in der Lage ist, diesen Wünschen, Zielen und Bedürfnissen zu entsprechen, sollten solche Aussagen möglichst konkret sein. In der Praxis zeigt sich jedoch häufig, dass die Aussagen der Kunden hierüber alles andere als greifbar sind.

Es gibt genügend Kunden, die mit ihrer jetzigen Situation nicht unbedingt zufrieden sind. Andererseits finden sie diesen Zustand auch nicht so Besorgnis erregend, dass es sich aus ihrer Sicht lohnen würde, sich konkretere Gedanken hierüber zu machen. Anders gesagt: Ihr Leidensdruck ist noch nicht groß genug.

Diese Situation treffen Verkäufer sehr häufig an, und gerade hier zeigt sich, wer ein hohes Maß an verkäuferischem Geschick besitzt. Denn eines ist wohl klar: Einem Kunden, der konkrete Aussagen zu seinem Bedarf machen kann, etwas zu verkaufen, ist einfach. In jedem Unternehmen gibt es eine Produktpalette, die diesen Bedarf mit hoher Wahrscheinlichkeit decken kann. Hierbei handelt es sich meist um Kunden, die noch kein Produkt einsetzen oder keine Dienstleistung in Anspruch nehmen, um ihren Bedarf zu decken. Oder um Kunden, die mit ihrer jetzigen Situation dermaßen unzufrieden sind, dass sie gar nicht umhinkommen, eine Lösung anzustreben.

Im Verdrängungsmarkt kann davon ausgegangen werden, dass jeder potenzielle Kunde seinen Bedarf in irgendeiner Form gedeckt hat. Dennoch kann man bei jedem dieser Kunden einen weiteren Bedarf vermuten: Beispielsweise kann in einem Unternehmen eine Maschine eingesetzt werden, die der Bedarfssituation von vor zwei Jahren entspricht. Die Auftragslage des Unternehmens hat sich jedoch so positiv entwickelt, dass Aufträge außer Haus gegeben werden müssen. Das Unternehmen ist mit diesem Kompromiss zwar nicht überglücklich, sieht jedoch keinen Anlass, diesen Zustand kurzfristig zu ändern. Aus verkäuferischer Sicht jedoch besteht hier durchaus Bedarf an einer Maschine mit höherer Kapazität oder an einer weiteren Maschine als Ergänzung.

Eine grundlegende Aufgabe des Verkäufers besteht also darin, den vermuteten Bedarf weiterzuentwickeln, bis er dem Kunden so bedeutsam erscheint, dass er von ihm selbst konkretisiert wird. Anschließend ist es natürlich wichtig, möglichst eindrucksvoll zu demonstrieren, wie dieser konkrete Bedarf dann durch das Produkt oder die Dienstleistung gedeckt werden kann.

Als erstes sollte der Verkäufer also die Aussagen des Kunden, die dieser zum Bedarf macht, unterscheiden können:

Bedarf	
Vermutet	**Konkret**
Unbestimmte Aussagen über Wünsche, Ziele oder Bedürfnisse oder *generelle* Aussagen über Unzufriedenheit oder Probleme:	*Greifbare Aussagen* über Wünsche, Ziele und Bedürfnisse:
„Unser Vertrieb arbeitet nicht effizient."	„Wir benötigen ein CRM-System, damit unser Vertrieb unsere Kunden besser durchdringen kann."
„Unser Energieverbrauch ist zu hoch."	„Wir wollen mit einem Energieberater zusammenarbeiten, um Energie zu sparen."
„Wir verlieren viel Geld."	„Wir wollen unseren Vertrieb trainieren, um am Markt bessere Preise zu erzielen."

Insbesondere erfahrene Verkäufer neigen dazu, allgemeine Aussagen des Kunden über eine Unzufriedenheit voreilig als konkreten Bedarf zu interpretieren. Zum einen liegt das an der Routine, die sich im Laufe der Zeit eingestellt hat, zum anderen sieht sich der erfahrene Verkäufer als Fachmann und hat die Lösung des vermeintlichen Problems natürlich sofort parat. Auch gute Produktkenntnisse verführen manchen Verkäufer dazu, Lösungen anzubieten, für die es noch gar kein richtiges Problem gibt. Doch Vorsicht! Besonders hier können Missverständnisse entstehen, die dann zwangsweise zu Einwänden des Kunden führen. Schlimmstenfalls redet man gänzlich aneinander vorbei.

Es gibt viele Möglichkeiten, eine pauschale Aussage wie: „Unser Energieverbrauch ist zu hoch" zu interpretieren. Der Kunde kann damit meinen, dass er den Energielieferanten wechseln möchte, Solarzellen einsetzen will, auf seinem Gelände gerne Windräder installiert hätte, grundsätzlich alle Maschinen gegen Energie sparende Geräte austauschen möchte oder Energiesparlampen einsetzen will. Letztendlich gibt diese Aussage noch nicht einmal einen brauchbaren Hinweis darüber, von welcher Art Energie überhaupt die Rede ist oder ob eine Änderung grundsätzlich angedacht ist.

Selbst wenn der – auf dem vermuteten Bedarf aufgebaute – Nutzen zufällig den Kern der Sache trifft, so ist der Wunsch des Kunden, das Produkt oder die Dienstleistung einzusetzen, nicht unbedingt als brennend zu bezeichnen. Erst wenn der Kunde seinen konkreten Bedarf selbst formuliert hat, steigen die Chancen, dass er die später vorgeschlagene Lösung akzeptiert und sie auch einsetzen *will*.

Jeder von uns hat – ungebeten – im Elternhaus oder in der Schule mehrfach zu hören bekommen, was gut für ihn ist und was er dringend braucht. Auch deshalb stoßen Verkäufer, die vorschnell eine Lösung anbieten, auf Widerstand.

Wie es durch geschicktes Fragen möglich ist, den Kunden dazu zu bringen, seinen konkreten Bedarf mit den eigenen Worten darzustellen, werden Sie später erkennen. Zunächst wollen wir uns damit beschäftigen, wie wichtig es ist, den eigenen Enthusiasmus zu *bremsen*. Denn nicht der Verkäufer soll den Bedarf konkretisieren, sondern der Kunde. Das bedeutet auch, dass konkreter Bedarf anders zu behandeln ist als vermuteter.

Damit Sie bei der Unterscheidung zwischen konkretem und vermutetem Bedarf sicherer werden, arbeiten Sie bitte die Übung auf der gegenüberliegenden Seite durch, deren Lösungen Sie am Ende des Buches finden.

Häufig kann auch die Begeisterung, die der Verkäufer für sein Produkt oder seine Dienstleistung empfindet, dazu führen, den Bedarf zu hoch einzuschätzen oder ihn als konkret zu betrachten. Ersteres wäre noch nicht einmal so schlimm, da es durchaus möglich ist, dies im Lauf der Verhandlung zu korrigieren. Eine Verwechslung von vermutetem und konkretem Bedarf hingegen stellt später ein massives Problem dar, weil die darauf aufbauende vorgeschlagene Lösung den Kunden noch nicht sonderlich interessiert. Viele Verkäufer versuchen jetzt, den Kunden zu „drücken" oder ihm das Angebot mit einem Preisnachlass schmackhaft zu machen.

Sie können hier vorbeugen, indem Sie folgende Taktik verfolgen:

➪ Bremsen Sie sich, und ziehen Sie keine voreiligen Schlüsse, auch wenn Ihnen der Bedarf noch so konkret erscheint.

➪ Überlegen Sie, und entscheiden Sie dann, ob es sich um vermuteten oder konkreten Bedarf handelt.

➪ Sollten Sie sich nicht ganz sicher sein, gehen Sie von vermutetem Bedarf aus.

✗ Kreuzen Sie bitte an, bei welcher Aussage es sich um konkreten Bedarf handelt:

1. A „Ich suche nach einer Möglichkeit, meine Heizkosten zu senken." ○
   B „Ich gebe sehr viel Geld für Heizkosten aus." ○

2. A „Ich bin mit meiner jetzigen Wohnsituation unzufrieden." ○
   „Ich suche eine Wohnung, die mehr Platz bietet." ○

3. A „Im Winter muss ich mein Auto erst vom Eis befreien, bevor ich losfahren kann." ○
   B „Ich suche eine Garage in der Nähe, die ich mieten kann." ○

4. A „Ich werde noch im Papierabfall ersticken." ○
   B „Ich brauche einen Aktenvernichter." ○

5. A „Ich brauche einen neuen Anlasser für mein Auto." ○
   B „Jeden Morgen komme ich zu spät zur Arbeit, weil meine Wagen nicht anspringt." ○

6. A „Meine Uhr geht ungenau." ○
   B „Ich benötige eine neue Batterie für meine Uhr." ○

7. A „Die Sohlen meiner Schuhe sind schon stark abgelaufen." ○
   B „Nächste Woche brauche ich neue Sohlen für meine Schuhe." ○

8. A „Ich suche einen preiswerteren Telefonanbieter." ○
   B „Meine Telefonkosten sind ziemlich hoch." ○

9. A „Meine Küche ist schon sehr alt." ○
   B „Ich brauche noch in diesem Jahr eine neue Küche." ○

10. A „Mein Rasenmäher mäht nicht mehr einwandfrei." ○
    B „Ich benötige ein neues Scherblatt für meinen Rasenmäher." ○

Übrigens:

 So lange der Bedarf nicht – unter Ihrer Mithilfe – konkretisiert wird, ist er jederzeit veränderbar.

So können Sie sich heute beispielsweise mit Ihrem Kunden über eine neue Büroausstattung unterhalten. Wenn er Ihnen drei Tage später mitteilt, dass er sich lieber ein neues Segelboot gekauft hat, wird es wohl daran liegen, dass es dem betreffenden Verkäufer gelungen ist, den Kunden dazu zu bringen, seinen Bedarf an Freizeitausgleich zu konkretisieren.

Eine Ihrer wesentlichen Fähigkeiten wird es später sein, einen vermuteten Bedarf durch eine geschickte Fragetechnik weiterzuführen, sodass er vom Kunden selbst konkretisiert wird. Hierdurch helfen Sie Ihrem Kunden, seinen Bedarf zu decken. Das ist insofern wichtig, als die meisten Kunden ihr Geld eben nur einmal ausgeben können.

Merkmal, Vorteil, Nutzen

Unterschiedliche Kunden haben unterschiedliche Bedürfnisse. Nicht jeder interessiert sich für das gleiche Produkt oder den gleichen Produktnutzen. Aus diesem Grund sind viele Erzeugnisse mit so vielen Eigenschaften ausgestattet, dass sie einen möglichst großen Kundenkreis ansprechen. Die Aufgabe des Verkäufers ist es nun herauszufinden, welche dieser – für den Käufer zunächst einmal wertfreien – Eigenschaften einen kundenspezifischen Nutzen darstellen könnte. Denn erst durch den auf den Bedarf des Kunden ausgerichteten Nutzen wird ein wirkungsvoller Zusammenhang zwischen Bedarf und Produkt hergestellt. Das Produkt oder die Dienstleistung erhält hierdurch erst das für den Kunden, was wir im Allgemeinen Qualität nennen.

☞ **Die Qualität eines Produkts ergibt sich nicht aus seinen vielen Eigenschaften, sondern aus dem wirklichen Nutzen, den es für den Kunden darstellt.**

Es gibt Möglichkeiten, ein Produkt zu beschreiben, die eher geeignet sind, den Kunden zu überzeugen, als andere. Hierdurch erhöht sich die Wahrscheinlichkeit eines Geschäftsabschlusses.

Deshalb wollen wir uns vergegenwärtigen, was unter Merkmal, Vorteil und Nutzen zu verstehen ist und welche Wirkung Produktbeschreibungen im Hinblick darauf haben. Die folgenden Übungen sollen Ihnen zeigen, welche Möglichkeiten der Beschreibung eines Produkts beziehungsweise einer Dienstleistung Ihnen zur Verfügung stehen.

Lesen Sie bitte die folgenden Aussagen von Verkäufern über ihr Produkt. Jede der beiden Aussagen (A und B) ist anders formuliert. Entscheiden Sie, welche der Aussagen überzeugender ist:

Aussage A
„Dieses Fax arbeitet mit einer Übertragungsrate von 14 400 Bps."

Aussage B
„Da dieses Fax mit einer Übertragungsrate von 14 400 Bps arbeitet, werden Dokumente um ein Vielfaches schneller übertragen."

Aussage A
„Dieser Computer ist mit 512 MB Arbeitsspeicher ausgestattet."

Aussage B
„Durch den Einsatz von 512 MB Arbeitsspeicher wird jede noch so komplizierte Rechenleistung zum Kinderspiel."

Aussage A
„Dieses Auto ist mit Xenon-Licht ausgestattet."

Aussage B
„Da dieser Wagen mit Xenon-Licht ausgestattet ist, sehen Sie bei Nacht Hindernisse wesentlich früher."

Sicherlich sind auch Sie der Ansicht, dass die jeweils zweite Aussage zunächst überzeugender ist. Die erste Aussage beschreibt das Produkt wertfrei. Es werden lediglich Informationen beziehungsweise Tatsachen wiedergegeben. Diese wertfreien Aussagen sind Merkmale.

☞ **Ein Merkmal beschreibt – wertfrei – die Eigenschaften eines Produkts oder einer Dienstleistung.**

Der Kunde nimmt diese Merkmale zunächst einmal neutral auf. Deshalb sind sie in ihrer Überzeugungskraft sehr gering einzuschätzen. Merkmale können sogar eine negative Wirkung erzielen: Wird der Kunde vom Verkäufer mit diesen Eigenschaften überhäuft, ohne dass sie ihm irgendetwas nützen, wird ihm das Produkt wertlos und/oder zu teuer erscheinen.

Die Beispielaussagen B hingegen gehen über eine neutrale Produktbeschreibung hinaus. Sie machen die Einsatzmöglichkeiten eines Merkmals deutlich. Diese Aussagen nennen wir Vorteile.

☞ **Ein Vorteil zeigt, inwieweit das Produktmerkmal – vom Kunden eingesetzt – eine Hilfe sein *kann*.**

Vorteile werden meist durch so genannte Transportwörter ausgedrückt:

„(Merkmal) ... das bedeutet für Sie ... (Vorteil)."

„Durch (Merkmal) ... erhalten Sie ... (Vorteil)."

„Das (Merkmal) ... stellt für Sie ... (Vorteil) dar."

„Die (Merkmal) ... garantiert Ihnen ... (Vorteil)."

„Den ... (Vorteil) erreichen wir durch ... (Merkmal)."

Ist also das Merkmal:

„Dieser Stuhl verfügt über fünf Einstellungsmöglichkeiten."

So wäre der Vorteil vielleicht:

„Durch die fünf Einstellungsmöglichkeiten dieses Stuhls erhält jeder Ihrer Mitarbeiter eine bequeme Sitzposition."

Vorteile erscheinen überzeugender als Merkmale. Doch Vorsicht! Nehmen wir einmal an, dass der Kunde sein Faxgerät grundsätzlich programmiert und nur nachts sendet. Dann wäre es ihm relativ gleichgültig, wie schnell das Gerät arbeitet. Auch kann es sein, dass der Interessent für den Computer ausschließlich Textverarbeitungsprogramme benötigt, also speicherintensive Programme gar nicht anwendet. Der Autokäufer ist beispielsweise ängstlich und fährt niemals weite Strecken, schon gar nicht bei Nacht. Für ihn ist das Xenon-Licht völlig uninteressant.

Vorteile können genutzt werden, um anfängliches Interesse zu wecken. Oftmals werden sie jedoch im Verlauf des Gesprächs wieder zu Merkmalen und können sich nachteilig auf den Verkauf auswirken. Hat sich der Kunde spontan zum Kauf entschieden, wird er im Nachhinein feststellen, dass er diesen oder jenen Vorteil gar nicht benötigt, ihn aber bezahlt hat. Die Begeisterung schlägt in Unmut um. Ist der Kunde weniger entschlussfreudig und nimmt sich Bedenkzeit, werden sich bei näherer Betrachtung viele Vorteile in Luft auflösen. Es entsteht bei ihm der Eindruck, dass der Verkäufer ihm das Produkt „andrehen" wollte, weil keiner dieser Vorteile seinem persönlichen Bedarf entspricht.

☞ **Vorteile können sich nachteilig auf den Verkaufserfolg auswirken, weil sie lediglich auf dem vermuteten Bedarf beruhen.**

✗ Überlegen Sie bitte, in welchem der folgenden Beispiele es sich um ein Merkmal oder einen Vorteil handelt:

		M	V
1.	„Ein Skigrundkurs dauert bei uns drei Tage."	○	○
2.	„Da diese Küchenmaschine über einen Zusatz verfügt, können Sie damit auch Äpfel schälen."	○	○
3.	„Alle unsere Formulare sind mit Heftrand versehen, damit beim Lochen keine Information verloren geht."	○	○
4.	„Dieses Objektiv hat eine Brennweite von 50 mm."	○	○
5.	„Da unser Skikurs nur drei Tage dauert, ist er entsprechend preiswert."	○	○
6.	„Dieses Leder ist mit einer eigens dafür entwickelten Beschichtung versehen."	○	○
7.	„Das Schloss an dieser Aktentasche hat über 1000 Kombinationsmöglichkeiten."	○	○
8.	„Durch die freien Steckplätze in diesem PC haben Sie immer die Möglichkeit der Aufrüstung."	○	○
9.	„Da dieser Stoßdämpfer gasgefedert ist, erhalten Sie ein Höchstmaß an Fahrkomfort."	○	○
10.	„Dieser Kopierer verfügt über vier Verkleinerungsstufen."	○	○

Es gibt nun eine weitere Möglichkeit für den Verkäufer, sein Produkt zu beschreiben. Diese ist noch überzeugender als der Vorteil.

Waren werden gekauft, weil ein Bedarf besteht. Gelingt es dem Verkäufer, das Produkt auf den *konkreten* Bedarf des Kunden auszurichten, so wird ein Vertragsabschluss wahrscheinlich.

Alle Aussagen, die verdeutlichen, wie der *konkrete* Bedarf durch ein Produkt, ein Merkmal oder einen Vorteil gedeckt werden kann, nennen wir Nutzen. Diese spezifische Ausrichtung auf den Bedarf ist die überzeugendste Art, ein Produkt zu beschreiben.

☞ **Ein Nutzen verdeutlicht dem Kunden, inwiefern ein Produktmerkmal oder ein Vorteil seinen konkreten Bedarf deckt.**

Voraussetzung hierfür ist selbstverständlich, dass der Kunde

– den Bedarf decken kann und will,

– den konkreten Bedarf selbst vorgebracht hat.

Andernfalls ist es nicht möglich, einen wirklichen Nutzen zu entwickeln.

✘ Welche der folgenden Produktbeschreibungen stellen Ihrer Ansicht nach einen Nutzen dar?		
Produktbeschreibung	**Nutzen?**	
	Ja	Nein
1. „Ich gehe davon aus, dass Sie Zeit sparen möchten. Unser Computerprogramm macht dies möglich."	○	○
2. „Sie erwähnten, dass Sie die Zeit, die Ihre Mitarbeiter beim Kopieren verbringen, verringern möchten. Das wird Ihnen durch dieses Gerät ermöglicht, da es 60 Kopien pro Minute erstellt."	○	○
3. „Diese neuartige Maschine wird von hohem Nutzen für Sie sein."	○	○
4. „Sie erzählten, dass Sie Änderungen in Ihrer Firma vornehmen möchten. Eine Zusammenarbeit mit unserer Unternehmensberatung wird Ihnen dies erleichtern."	○	○

Sie kennen jetzt die drei Möglichkeiten, ein Produkt zu beschreiben:

⇨ **Merkmale** beschreiben – wertfrei – die Eigenschaften eines Produkts oder einer Dienstleistung.
Überzeugungskraft: ➥

⇨ **Vorteile** zeigen, inwieweit ein Produktmerkmal – vom Anwender eingesetzt – eine Hilfe sein *kann*.
Überzeugungskraft: ➥➥ bis ➥

⇨ **Nutzen** verdeutlicht dem Kunden, inwiefern ein Produktmerkmal oder ein Vorteil seinen konkreten Bedarf deckt.
Überzeugungskraft: ➹

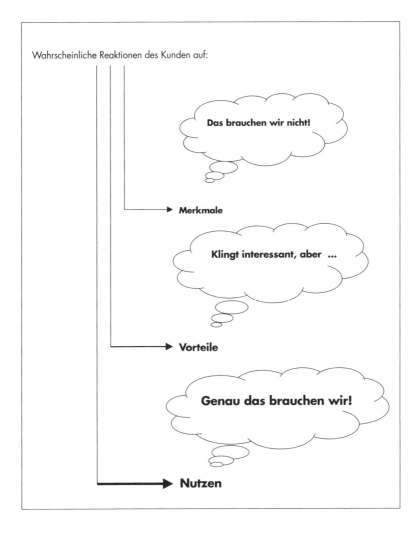

☞ **Die Wahrnehmung des Kunden ist entscheidend!**

Wie kann man sich nun die Strukturen von Verkaufsgesprächen vorstellen, in denen Merkmale, Vorteile und Nutzen verwendet werden?

Folgende Beispiele zeigen typische Verkaufssituationen, die auch Sie – als Kunde – mit Sicherheit schon erlebt haben:

Beispiel: Computerverkauf

Der Kunde äußert einen konkreten Bedarf:
„Ich möchte einen Computer bei Ihnen kaufen, wenn Sie etwas Passendes für mich dahaben."

Der Verkäufer stellt keinerlei Fragen, sondern zeigt sofort ein Produkt und zählt dessen Merkmale auf:
„Da kann ich Ihnen hier das Neueste vom Neuen anbieten. Dieses Gerät hat einen Prozessor mit 2,66 GHz und 512 MB Arbeitsspeicher, einen 17" Monitor und ..."

Beispiel: Autoverkauf

Der Kunde bringt vermuteten Bedarf vor:
„Ich interessiere mich für ein neues Auto."

Der Verkäufer stellt eine Frage:
„Schwebt Ihnen schon etwas Bestimmtes vor?"

Der Kunde antwortet wieder mit vermutetem Bedarf:
„Na ja, der da drüben könnte mir gefallen."

Der Verkäufer führt Merkmale und Vorteile auf:
„Den haben wir gerade reinbekommen. Unser neuestes Modell. Mit dem großen Kofferraum können Sie locker Gepäck für eine fünfköpfige Familie

> transportieren. Die umklappbare Rückbank ermöglicht
> es Ihnen sogar, Ihre Skier mitzunehmen.
> Und sehen Sie hier, wie viel Platz auf den Rücksitzen ist. Durch
> die integrierten Kindersitze sparen Sie Zeit
> beim Anschnallen der Kleinen ..."

Die Möglichkeiten, Beispiele für solche Verkaufsgespräche zu finden, sind unerschöpflich. Eines haben sie jedenfalls alle gemeinsam: Vernimmt der Verkäufer einen vermeintlichen Bedarf des Kunden, führt er sofort vermeintliche Vorteile auf. Selbst wenn Kunden einen konkreten Bedarf äußern (Beispiel Computerverkauf), zählen viele Verkäufer lediglich Merkmale auf. Dem Kunden ist in diesem Moment vielleicht gar nicht bewusst, warum er von einem Kauf absieht. Er wird jedoch ein schlechtes Gefühl haben, weil die erwähnten Merkmale und Vorteile nichts mit seinem persönlichen Bedarf zu tun haben.

Die Wahrscheinlichkeit, einen Verkaufserfolg zu erzielen, steigt enorm, wenn Sie aus dem vermuteten Bedarf einen konkreten Bedarf entwickeln können und danach den hieraus resultierenden Nutzen anführen:

> **Beispiel: Computerverkauf**
> Der Kunde bringt einen vermuteten Bedarf vor:
> „Guten Tag. Ich suche einen Computer."
>
>
>
> Der Verkäufer stellt weiterführende Fragen:
> „Haben Sie schon eine bestimmte Vorstellung?"
>
>
>
> Der Kunde bleibt im vermuteten Bedarf:
> „Nein, eigentlich nicht. Es gibt ja die tollsten
> Möglichkeiten heutzutage."
>
>

Der Verkäufer stellt weiterführende Fragen,
beispielsweise zur Anwendung:
„Welche Aufgaben soll das Gerät denn für Sie erledigen?"

Der Kunde antwortet mit konkretem Bedarf:
„Also, ich möchte hauptsächlich Schreibarbeiten
damit erledigen, und mein Sohn wird wohl das eine
oder andere Spiel darauf ausprobieren wollen."

Erst jetzt stellt der Verkäufer das Produkt vor
und beschreibt es durch Nutzen:
„Nach dem, was Sie mir erzählten, kommt dieses Gerät
für Sie in Frage. Durch die ausgewogene Speicherkapazität
dieses Systems kann Ihrem Wunsch, Textverarbeitung
und Spiele darauf zu fahren, gleichermaßen
entsprochen werden."

Dieser Dialog ist selbstverständlich sehr kurz gehalten. Er soll lediglich verdeutlichen, wie ein Verkaufsgespräch ablaufen kann, in dem ein Produkt durch Nutzen beschrieben wird.

Das Schema eines nutzenorientierten Verkaufsgesprächs sieht folgendermaßen aus:

Verkäufer **fragt**

Kunde bringt **vermuteten Bedarf** vor

Verkäufer stellt **weiterführende** Fragen

Kunde antwortet mit **konkretem Bedarf**

Verkäufer stellt jetzt das Produkt vor
und beschreibt es durch **Nutzen**

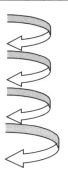

✗ Kreuzen Sie bitte in den folgenden Beispielen an, ob es sich Ihrer Ansicht nach um ein Merkmal, einen Vorteil oder um einen Nutzen handelt:

	M	V	N
1. „Die automatische Stummschaltung des Autoradios bei einem Telefonanruf ermöglicht es Ihnen, die Konzentration auf den Verkehr beizubehalten."	○	○	○
2. „Das Rettungsboot kann bis zu 50 Passagiere aufnehmen."	○	○	○
3. „Die Entspiegelung des Monitors ermöglicht ermüdungsfreies Arbeiten, auch bei seitlich einfallendem Sonnenlicht."	○	○	○
4. „Mit dem Kaufpreis von 3 500 Euro ist eine dreijährige Garantie verbunden."	○	○	○
5. „Durch die Dolby-Taste erhalten Sie ein klares Klangbild, auch bei älteren Kassetten."	○	○	○
6. „Ich freue mich, Ihnen mitteilen zu können, dass wir Ihrem Wunsch nach einem mobilen Computersystem mit Internet-Anschluss entsprechen können. Dieses neue Notebook wiegt lediglich vier Kilo. Der Akku ist für eine Arbeitszeit von acht Stunden ausgelegt. Weiterhin verfügt das Gerät über eine interne ISDN-Karte."	○	○	○
7. „Mit unserer Telefongesellschaft sparen Sie etwa 10 000 Euro jährlich."	○	○	○
8. „In Ihrem Fall ist es besonders wichtig, hochwertige Ersatzteile einzusetzen. Das Problem an Ihrer Wasseraufbereitungsanlage tritt erfahrungsgemäß nach fünf Jahren auf, weil die Ventile lediglich mit Gummi abgedichtet sind. Deshalb verwenden wir nur Dichtungen aus einem hierfür entwickelten Kunststoff, der die Lebensdauer verdreifacht."	○	○	○

Im Beispiel Computerkauf stand die Produktgruppe fest. Es ging also darum, einen passenden Typ für den Bedarf dieses Käufers zu finden. Oftmals gibt der Kunde auch ein Problem vor. Beispielsweise möchte er seine Schreibarbeiten schneller erledigen können. Dann könnte das Produkt auch ein reines Schreibsystem sein. Die Struktur ist auch in diesem Fall die gleiche. Lediglich die Fragen variieren. In diesem Gespräch würde der Kunde nicht zu einem Produkttyp, sondern zu einer Produktgruppe geführt werden.

Für den Erfolg eines Verkaufsgesprächs ist es besonders wichtig, ein Produkt durch Nutzen zu beschreiben. Deshalb müssen Sie zwischen den Begriffen Vorteil und Nutzen unterscheiden können.

Zusammenfassung

Sie kennen die Bedeutung der Begriffe vermuteter Bedarf, konkreter Bedarf, Merkmal, Vorteil und Nutzen und wissen, welche Rolle sie in Ihren Verkaufsgesprächen spielen. Ohne konkreten und vom Kunden vorgebrachten Bedarf kann es keinerlei Nutzen geben.

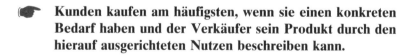 **Kunden kaufen am häufigsten, wenn sie einen konkreten Bedarf haben und der Verkäufer sein Produkt durch den hierauf ausgerichteten Nutzen beschreiben kann.**

Ein Produkt oder eine Dienstleistung wird gekauft, weil ein Bedarf besteht. Je konkreter dieser Bedarf vom Kunden geäußert werden kann, desto höher wird die Wahrscheinlichkeit, dass er kauft. Wie Sie aus Ihrer eigenen Verkaufspraxis wissen, wird ein Bedarf jedoch selten konkret vorgebracht. Meistens wird er in Form von generellen Problemen oder allgemeinen Aussagen über das Missfallen an der jetzigen Situation geäußert. Dieser Bedarf wird von uns „vermutet" genannt. Er wird selten zu einer

Kaufentscheidung führen, weil er dem Kunden noch nicht bedeutsam genug erscheint. Der Verkäufer muss den Kunden also dahingehend unterstützen, dass dieser seinen Bedarf konkret vorbringt. Erst jetzt wird der Bedarf dem Kunden so wichtig erscheinen, dass die Wahrscheinlichkeit einer Kaufentscheidung steigt.

Was kennzeichnet die Nutzenargumentation im Dienstleistungs- oder Lösungsverkauf?

Eine Lösung oder eine Dienstleistung stellt niemals einen „kollektiven Wert oder Nutzen" für alle, die im Kundenunternehmen an einer Kaufentscheidung beteiligt sind, dar. Nutzen ist immer individuell, und umso wichtiger ist es, die jeweiligen Bedürfnisse der maßgeblich entscheidenden Personen zu kennen und sie zu berücksichtigen.

Die Grundlage der Nutzenargumentation haben Sie bereits kennen gelernt. Diese Argumentation ist sehr anwendungs- bzw. produktbezogen. Im Lösungs- oder Dienstleistungsverkauf ist die Argumentation umfassender und dringt wesentlich tiefer in den Kunden ein. Besonders wenn es sich um komplexe Verkaufssituationen handelt, das heißt, wenn Sie mit verschiedenen Gesprächspartnern aus unterschiedlichen Hierarchieebenen sprechen.

Im Dienstleistung- oder Lösungsverkauf gibt es eine wirklich erfolgreiche Nutzenargumentation nur, wenn sie mit dem individuellen Bedarf der entscheidenden Personen verknüpft ist. Die grundlegende Nutzenargumentation scheint hier zu eindimensional. Es gibt jetzt mehrere Faktoren, die Ihren Erfolg beeinflussen. Sie sollten von jedem Ihrer Gesprächspartner wissen:

⇨ Wie groß ist sein Handlungsbedarf bzw. sein Leidensdruck?
⇨ Welches sind seine geschäftlichen Ziele?

⇨ Welche persönlichen Ziele verfolgt er?
⇨ Welche Entscheidungskriterien setzt er an?

Beispiele:

Handlungsbedarf

Dieser spiegelt die Wichtigkeit des Projekts für die einzelnen Personen wider. Großer Handlungsbedarf entsteht beispielsweise, wenn eine Lösung oder eine Dienstleistung den Gesprächspartner beim Erreichen seiner persönlichen Ziele unterstützt.

Geschäftliche Ziele

Sie beschreiben, woran einzelne Personen den Erfolg der Investition messen. „Was versteht der Kunde unter Erfolg in diesem Projekt?" Bei Verkaufstrainings beispielsweise:

– die Abschlussquote um zehn Prozent erhöhen,

– die Prognosegenauigkeit ± 15 Prozent Abweichung,

– 20 Prozent mehr Verkäufer erreichen ihr Jahresziel.

Persönliche Ziele

Sie beschreiben die Eigeninteressen der Personen, die an einer Entscheidung beteiligt sind. Oftmals sind diese Ziele sehr eng mit dem Projekt verknüpft. Den meisten von Ihnen ist sicherlich in dem einen oder anderen Verkaufsprojekt schon einmal eine Person aufgefallen, die sich als besonders eifrig hervortat. Wichtig ist für Sie die Frage: Was verspricht er sich persönlich vom Erfolg des Projekts? Oder: Was ist ihm versprochen worden? Unterstützt ihn das Projekt beim Erreichen seiner persönlichen Ziele, wird sein Handlungsbedarf groß sein. Typische persönliche Ziele sind:

- Macht erhalten
- Kontrolle über andere erhalten
- eine Schuld abtragen
- sich Anerkennung verschaffen
- den eigenen Lebensstil sichern
- als „Innovationsführer" anerkannt werden
- Risiken minimieren
- eigene Fähigkeiten verbessern

Persönliche Ziele nehmen Sie natürlich nicht in Ihre Argumentation auf. Ihr Wissen darum lässt Sie aber einen Blick hinter die Kulissen werfen, wenn es darum geht, den Handlungsbedarf zu bewerten. Die persönlichen Ziele Ihrer Gesprächspartner erfahren Sie durch Coaches (Seite 129f.).

Entscheidungskriterien

Diese sind für den Kunden die Basis für den Vergleich mit anderen Lösungen oder Anbietern:

- Funktionalität
- Investitionskosten
- Wirtschaftlichkeit (nicht Preis)
- Zukunftssicherheit
- Referenzen
- Benutzerakzeptanz
- globaler Service

Für den Erfolg ist es ausschlaggebend, diesen Bedarf in einer frühen Phase des Verkaufsprozesses zu erfahren. Denn hier ist es noch erheblich einfacher, diese Faktoren zu Ihren Gunsten zu beeinflussen. So können Sie beispielsweise das

Entscheidungskriterium Investitionskosten zu Ihren Gunsten ändern, wenn Sie Fragen zu den wirtschaftlichen Auswirkungen der jetzigen Situation stellen. Hierdurch wird das Kundenproblem ausgebaut und eventuell auf andere Bereiche oder Abteilungen ausgedehnt, sodass eine höhere Investition gerechtfertigt wird. Gleichzeitig müssen Sie sich Zugang zu Personen verschaffen, die eine höhere Investition genehmigen können.

Je weiter der Beschaffungsprozess beim Kunden fortgeschritten ist, desto schwieriger wird es, diese Kriterien zu beeinflussen. Deshalb ist es empfehlenswert,

– neue Geschäftsmöglichkeiten aktiv zu identifizieren,
– den Beschaffungsprozess des Kunden von Anfang an zu begleiten,
– mit einer gemeinsamen Vorgehensweise (siehe Seite 149) zu synchronisieren.

Wie kann eine treffende Nutzenargumentation nun gestaltet sein?

Ihr Verständnis für die geschäftlichen Ziele des Kunden

Verkäufer: „Ihr Ziel ist es, die *Anzahl der Verkäufer, die ihr Jahresziel erreichen,* innerhalb eines Geschäftsjahres von *50 Prozent auf 80 Prozent zu erhöhen.*"

Ihr Verständnis der Entscheidungskriterien

Verkäufer: „Die von Ihnen gesuchte Vertriebsmethodik muss *einfach zu implementieren* und *branchenbezogen* sein sowie *weltweit* in Ihrem Unternehmen durchgeführt werden."

Ihre Lösung passend zu den Bedürfnissen

Verkäufer: „Um Ihre Ziele zu erreichen, empfehlen wir Ihnen *eine Ihren Bedürfnissen angepasste strukturierte Vorgehensweise* zur Optimierung des Verkaufsprozesses – basierend auf unserer bewährten Vertriebsmethodik ‚Winning Complex Sales'".

Was macht Ihre Lösung einzigartig?

Verkäufer: „Unsere Stärken liegen in der *lokalen Präsenz* und der Fähigkeit, die Workshops in der *jeweiligen Landessprache* durchzuführen, in vielen *erfolgreichen Implementierungen* und den nachweisbaren *Erfolgen in Ihrer Branche*."

Anmerkung:

Besonders die häufig verwendeten Begriffe USP (Unique Sales Point oder Unique Selling Proposition), also Alleinstellungsmerkmale, sind nicht geeignet, den Kunden zu überzeugen. Es handelt sich hierbei lediglich um Argumente, die ein Unternehmen, ein Produkt oder eine Lösung im Vergleich zum Mitbewerb besser dastehen lassen. Diese USPs haben rein gar nichts mit den Kundenwünschen zu tun. USPs folgen immer der frontalen Verkaufsstrategie (siehe Seite 117f.). Sie werden eher verwendet, um den Kunden zu überreden, weil sie losgelöst von seinem wirklichen Bedarf sind.

Was ist denn nun ein wirklicher USP oder, besser gefragt: Wann nimmt der Kunde Ihr Angebot als einzigartig wahr?

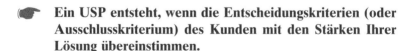   **Ein USP entsteht, wenn die Entscheidungskriterien (oder Ausschlusskriterium) des Kunden mit den Stärken Ihrer Lösung übereinstimmen.**

Was nützt es Ihnen, wenn ein Trainerteam ausschließlich aus Akademikern besteht, der Kunde aber gestandene Verkäufer als Trainer möchte. Oder: Wir haben den leisesten, umweltfreundlichsten und leitungsstärksten Dieselmotor entwickelt, der jedem Benziner überlegen ist. So what? Wenn der Kunde keinen Diesel möchte, weil er damit ein bäuerliches Image verbindet?

2. Die Methode

Wie sieht nun die übergreifende Methode oder auch Strategie aus, die Ihnen die Möglichkeit bietet, den Kunden zielgerichtet zum konkreten Bedarf zu führen?

Der Weg zum konkreten Bedarf besteht aus folgenden Teilschritten:

> Verkäufer deckt vermuteten Bedarf auf.
> ⇩
> Kunde äußert vermuteten Bedarf.
> ⇩
> Verkäufer erweitert vermuteten Bedarf, sodass dieser vom Kunden konkretisiert wird.
> ⇩
> Kunde bringt konkreten Bedarf vor.
> ⇩
> **Verkäufer beschreibt Produkt mit – auf den konkreten Bedarf ausgerichteten – Nutzen.**

Zur Umsetzung dieser Strategie ist es nötig, bestimmte Arten von Fragen zu kennen und zu wissen, in welcher Reihenfolge diese gestellt werden müssen.

Um den vermuteten Bedarf des Kunden zu ermitteln, werden zunächst zwei Fragearten verwendet:

– Orientierungsfragen und

– Problemfragen.

Phase 1: Orientierungsfragen

Hierbei handelt es sich um Fragen, die dem Verkäufer eine Orientierung im Hinblick auf die momentane Situation des Kunden geben. Diese Fragen können sich auf die persönliche oder die geschäftliche Situation des Kunden beziehen. Bei komplexen Verkaufssituationen, in denen Sie mit verschiedenen Gesprächspartnern aus unterschiedlichen Hierarchieebenen sprechen, spielt natürlich auch die persönliche Zielsetzung bzw. das Erreichen der Vorgaben eine entscheidende Rolle:

Beispiel:

- „Wie viele Dienstwagen haben Sie im Einsatz?"
- „Wo liegen Ihre persönlichen Arbeitsschwerpunkte?"
- „Haben Sie schon einmal einen Unternehmensberater konsultiert?"
- „Leasen oder kaufen Sie Ihre Geräte?"
- „Wie hoch sind die Sollvorgaben für Ihre Abteilung?"
- „Wie hoch ist Ihr Umsatz in diesem Bereich?"
- „Wie viele Mitarbeiter hat Ihre IT-Abteilung?"
- „Seit wann haben Sie eine IT-Abteilung?"
- „Wie machen Sie das ... heute?"

Durch diese Fragen erhalten Sie Informationen über die Ausgangslage. Sie ermöglichen Ihnen festzustellen, wie groß der Bedarf ist, werden könnte oder ob überhaupt Bedarf an einer Lösung durch Ihre Dienstleistung oder Ihr Produkt besteht. Weiterhin erkennen Sie, in welchen Bereichen in der nächsten Frage-Phase nachgehakt werden muss. Im Kapitel „Einwände" werden Sie später erkennen, dass Sie durch diese Fragen manchen Einwänden des Kunden von Vornherein aus dem Weg gehen können.

Haben Sie genügend Informationen gesammelt, stellen Sie Fragen, die den vermuteten Bedarf betreffen.

Phase 2: Problemfragen

Dies sind Fragen, die auf Probleme, Schwierigkeiten oder Unzufriedenheiten abzielen.

Beispiel:
- „Welche Schwierigkeiten sehen Sie beim Einsatz von ...?"
- „Treten diese Störungen denn häufiger auf?"
- „Wie beurteilen Sie den Service Ihres Lieferanten von ...?"

Durch diese Fragen spüren Sie den vermuteten Bedarf zunächst einmal auf.

Da niemand besonders gerne über seine Probleme oder Schwierigkeiten redet, selbst wenn er welche hat, sollten Sie Fragen dieser Art in der Eröffnungsphase vermeiden.

„Guten Tag. Mein Name ist Karl Kleber. Mit Ihren alten Büromaschinen hier haben Sie bestimmt jede Menge Ärger. Na ja, jetzt bin ich ja da."

Eine Gesprächseröffnung wie im obigen Beispiel ist nicht sonderlich geeignet, das Vertrauen des Kunden zu gewinnen: Im Gegenteil, der Kunde wird sich verschließen oder gar abweisend reagieren.

Sammeln Sie zunächst genügend Informationen. Erst dann ist es ratsam, das Gespräch auf Bereiche, die dem Kunden Schwierigkeiten bereiten könnten, überzuleiten.

☞ **Stellen Sie Fragen nach möglichen Problemen, aber unterstellen Sie keine Probleme.**

Um vermuteten Bedarf aufzuspüren, müssen also Orientierungsfragen und Problemfragen gestellt werden. Orientierungsfragen sind außerordentlich wichtig, um

- dem Gespräch eine gelöstere Atmosphäre zu geben,
- Informationen, Daten und Fakten zu erhalten,
- Felder aufzudecken, die durch Problemfragen ausgebaut werden könnten.

Trotzdem besteht die Gefahr, dass während des Gesprächs Langeweile aufkommt oder dass das Gespräch Verhörcharakter bekommt. Gehen Sie deshalb mit Orientierungsfragen sparsam um. Stellen Sie möglichst offene Fragen. So erhalten Sie viele Informationen. Wenn Sie bestimmte Daten oder Fakten benötigen, stellen Sie geschlossene Fragen.

Wenn der Kunde Sie kennen gelernt und Vertrauen zu Ihnen gefasst hat, so wird er sich mit Ihnen auch über seine Probleme und Schwierigkeiten unterhalten wollen. Auch wenn manche Verkäufer zögern, Problemfragen zu stellen, so zeigt die Erfahrung, dass Kunden grundsätzlich daran interessiert sind, über bestehende Probleme zu reden. Deshalb stellen erfolgreiche Verkäufer erwiesenermaßen viele Problemfragen.

Doch Vorsicht! Wenn der Kunde seine Unzufriedenheit schildert, neigen viele Verkäufer dazu, sofort eine Lösung für den vermeintlich konkreten Bedarf anzubieten. *Das ist der häufigste Fehler in allen Verkaufsgesprächen überhaupt.* Die Verhandlung wird im Grunde gar nicht zu Ende geführt. Der Verkäufer bricht ab, indem er das Produkt vorstellt. Er kann keinen Nutzen entwickeln, nichts.

✗ Bitte überprüfen Sie anhand der folgenden Beispiele, ob Sie sicher zwischen einer Orientierungsfrage und einer Problemfrage unterscheiden können:

		Orientierungs-frage	Problem-frage
1.	„Wie viele Geräte haben Sie im Einsatz?"	○	○
2.	„Über wie viel Kapazität verfügen Sie im Bereich ...?"	○	○
3.	„Sind Sie mit dem jetzigen Pensum zufrieden?"	○	○
4.	„Welche Schwierigkeiten ergeben sich beim Einsatz von ...?"	○	○
5.	„Wie hoch ist der Verbrauch?"	○	○
6.	„Ist es schwierig für Sie, die Anwesenheit der Mitarbeiter zu kontrollieren?"	○	○
7.	„Wie lange läuft der Vertrag?"	○	○
8.	„Wo sehen Sie die größten Schwachpunkte des Systems?"	○	○
9.	„Wo haben Sie die Lieferung bestellt?"	○	○

☞ **Ein Angler wird auch niemals einen großen Fisch fangen, wenn er den Köder aus dem Wasser zieht, bevor der Fisch *richtig* zugebissen hat.**

Jeder Mensch hat so seine Probleme, mit denen er meist sehr gut leben kann, so lange sie sich nicht ändern beziehungsweise größer werden. Und genau das ist der *entscheidende* Punkt an unserer Methode: *nämlich dem Kunden die Auswirkungen der Schwierigkeiten oder des Problems so zu verdeutlichen, dass er es ernst und wichtig genug nimmt, um eine Änderung vorzunehmen und eine Lösung zu suchen.*

Konkreter Bedarf besteht also zum einen aus der Erkenntnis, dass ein tatsächliches Problem vorhanden ist, zum anderen aus dem Wunsch, dieses zu lösen. Wie dringend dieser Wunsch wird, bestimmen Sie durch Ihre Fragen.

Damit dem Kunden seine „Misere" vor Augen geführt wird, ist es ratsam, in Phase 3 Auswirkungsfragen zu stellen.

Phase 3: Auswirkungsfragen

Hierbei handelt es sich um Fragen, die sich mit den *positiven und negativen* Auswirkungen des Problems oder der Unzufriedenheit beschäftigen – positive Auswirkungen, wenn das Problem gelöst wird, negative Auswirkungen, wenn es bestehen bleibt.

Beispiele:
- „Welche Nachteile haben Ihre Kunden durch diese Lieferengpässe?"
  Oder direkter: „Wie wirken sich die Lieferengpässe auf die Kundenzufriedenheit aus?"
- „Welche Mehrkosten entstehen Ihnen durch den hohen Verbrauch der Maschinen?"
- „Gehen Ihnen Informationen verloren, wenn die Software nicht von allen Mitarbeitern benutzt wird?"
- „Sie sagten gerade, Ihre IT stürzt öfter ab. Ich könnte mir vorstellen, dass Sie das eine Menge Geld kostet!?"
- „Welche neuen Projekte würden Sie mit dem gesparten Geld angehen?"
- „Was geschieht, wenn Ihre Hausbank den Leasingvertrag ablehnt?"
- „Wie oft passiert das?"

- „Stört Sie das?"
- „Ängstigt Sie das?"
- „Was befürchten Sie, wenn ... größer wird?"
- „Ärgert Sie das?"

Durch Auswirkungsfragen erreichen Sie, dass dem Kunden die negativen Folgen seines Problems (höhere Kosten, mehr Zeitaufwand, weniger Umsatz, Kundenunzufriedenheit etc.) verdeutlicht werden. Andererseits können Sie dem Kunden Vorteile in Aussicht stellen, wenn Sie nach positiven Auswirkungen fragen, wenn das Problem einmal gelöst ist. Der Kunde wird mehr und mehr daran interessiert sein, nach einer Lösung zu suchen.

Dieses Interesse bauen Sie zu einem „brennenden Wunsch" aus, indem Sie fragen, welchen Gewinn oder Nutzen der Kunde durch die Lösung haben könnte.

Bitte betrachten Sie dieses Gesprächsmodell nicht als starres Gebilde, das immer demselben Ablauf folgt. Manchmal genügt allein eine Auswirkungsfrage, um den Bedarf des Kunden zu klären oder dem Gespräch eine Wende zu geben. Besonders wenn der Kunde erzählt, können Sie durch eine Auswirkungsfrage an der passenden Stelle klären, wie wichtig das Thema wirklich ist.

Folgendes **Beispiel** aus dem privaten Bereich macht dies anschaulich:

> Neulich waren wir mit ein paar Leuten zu Abend essen. Als es ein wenig ruhiger wurde, sagte ein Mädchen aus der Runde: „Ich bin immer so schüchtern." (Problemaussage)
>
> Natürlich gab es von den anderen sofort gute Ratschläge: „Also, wenn du schüchtern bist, ich kenne da einen Veranstalter, der macht Seminare. Dort kannst du lernen, wie du aktiv auf andere Menschen zugehen kannst." Eine andere Meinung war: „Nun ja, aber wenn es tiefer sitzt, aus der Erzie-

hung oder so. Dann solltest du vielleicht einen Therapeuten aufsuchen." Es gab noch zwei bis drei weitere „Fachmeinungen" zu diesem Thema, die das Mädchen über sich ergehen ließ. Bis ich sie fragte: „Sag mal, Ute, stört dich das denn?" (Auswirkungsfrage) Mit ihrer Antwort war das Problem augenblicklich aus der Welt geschafft. „Nein, eigentlich nicht. Meine Mutter hat das nur immer zu mir gesagt. Ich wäre so ruhig und zurückhaltend."

Selbstredend hätte ihre Antwort auch „Ja, da leide ich sehr drunter" sein können. Wichtig ist nur abzuklären, wie bedeutsam das Problem für den Gesprächspartner wirklich ist.

Eine Aussage des Mädchens hat mir dann aber doch noch zu denken gegeben. Als wir später das Lokal verließen, sagte sie zu mir: „Hör mal. Das sind aber auch alles Schwätzer!"

Diese Reaktion hatte ich so nicht erwartet. Sie zeigte mir aber, was so mancher Kunde von einem Verkäufer denkt, der ihn einmal mehr mit Lösungen zutextet, für die er keine passenden Probleme hat.

Phase 4: Lösungsfragen

Lösungsfragen konzentrieren sich auf den konkreten Bedarf des Kunden. Diese Fragen verdeutlichen ihm den Wert bzw. den Nutzen der Lösung. Auch helfen sie ihm, seinen Nutzen selbst zu formulieren. Die eigene Formulierung des Nutzens hilft ihm, die Lösung zu akzeptieren.

Beispiel:
- „Welchen Wert hätte das für Sie und Ihre Mitarbeiter?"
- „Was würde das für Sie bedeuten?"
- „Welche anderen Aspekte sehen Sie, die für eine Lösung sprechen?"

Durch Auswirkungsfragen bauen wir das Problem aus, und durch Lösungsfragen arbeiten wir auf den Wunsch des Kunden nach einer Lösung hin. Jedenfalls wird der Kunde auf eine Frage nach dem Gewinn immer mit einem konkreten Bedarf, also mit seinem Wunsch, Ziel oder einem Vorhaben antworten.

✗ Die folgenden Beispielen machen den Unterschied zwischen Auswirkungs- und Lösungsfragen deutlich:

Frage nach	Auswirkung	Lösung
1. „Wie hoch ist der monatliche Ausschuss dieses Gerätes?"	○	○
2. „Welche Ersparnis würde Ihnen der Einsatz unseres Gerätes bringen?"	○	○
3. „Welche Geschäftsbereiche sind hiervon betroffen?"	○	○
4. „Wären Sie daran interessiert, durch den Einsatz unserer Anlage Ihre Kostensituation zu verbessern?"	○	○
5. „Wie hoch wäre die Verbesserung der Verfügbarkeit durch unser System?"	○	○

Die gesamte Anwendung der Methode lässt sich vereinfacht folgendermaßen darstellen:

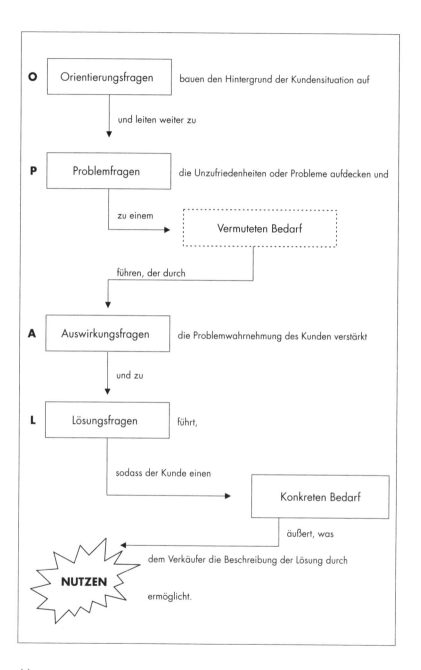

Wenn Sie einen vermuteten Bedarf zu einem konkreten ausgebaut haben, gehen Sie zurück in die Phase II und ermitteln ein anderes Problem, das zu einem konkretem Bedarf entwickelt werden kann.

Lesen Sie nun folgenden Auszug aus einer Verhandlung, und entscheiden Sie, welche Fragearten der Verkäufer verwendet, um den Kunden seinen Bedaf konkretisieren zu lassen. In diesem **Beispiel** geht es um ein Computerfax:

1. Verkäufer: „Benutzen Sie das zentrale Fax im Büro Ihrer Sekretärin oft?"

   Kunde: „Sehr oft. Nicht nur, dass die Post langsam ist, sie ist auch teuer. Vieles geht mit dem Fax schneller und preiswerter."

2. Verkäufer: „Bedienen Sie das Gerät selbst, oder macht das Ihre Sekretärin?"

   Kunde: „Guter Mann. Das Verhältnis von Sekretärinnen zu uns ist 1:15. Sie können sich wohl vorstellen, dass unsere Damen auch noch andere Dinge zu tun haben, als für uns das Fax zu bedienen."

3. Verkäufer: „Sie sagen das so bedauernd. Bedeutet das, dass es Probleme gibt, wenn Sie das Fax selbst bedienen müssen?"

   Kunde: „Natürlich! Manchmal ist es wirklich nervtötend."

4. Verkäufer: „Nervtötend? Inwiefern?"

   Kunde: „Sie können sich wohl nicht vorstellen, was hier manchmal so los ist? Sie haben ein eiliges Fax. Da sind dann aber noch drei Kollegen, denen es genauso geht, vor Ihnen. Also müssen Sie warten. Das kann mitunter zehn Minuten dauern. Da müssen dann erst noch Fax-Nummern gesucht werden, dann fehlt die Hälfte, und am Schluss gibt es wieder einmal die übliche Fehlermeldung. Manchmal hat man dann einfach keine Lust mehr zu warten und will es später noch einmal versuchen. Mit dem Ergebnis, dass man es häufig auch vergisst."

5. Verkäufer: „Oh! Was bedeutet das für Sie, wenn ein Fax vergessen wird?"

   Kunde: „Was das bedeutet? Wenn es beispielsweise bis zum nächsten Tag liegen bleibt, halten uns unsere Kunden für unzuverlässig. Wir können das dann zwar oft wieder hinbiegen, aber der schlechte Eindruck bleibt. Besonders bei neuen Kunden oder Interessenten kann das fatale Folgen haben."

6. Verkäufer: „Welche Folgen meinen Sie?"

   Kunde: „Sie arbeiten doch auch im Verkauf. Dann werden Sie wohl wissen, dass es Kunden gibt, die aus diesem Grund nicht bestellen."

7. Verkäufer: „Wäre es eine Hilfe für Sie, wenn Sie vom Arbeitsplatz aus, beispielsweise über Ihren Computer, Faxe verschicken könnten?"

   Kunde: „Eine Hilfe? Guter Mann. Das wäre ideal."

8. Verkäufer: „Ideal? Was genau würde sich denn verbessern?"

   Kunde: „Die Zuverlässigkeit dem Kunden gegenüber. Es wäre fantastisch, wenn wir in dieser Beziehung zuverlässiger werden könnten."

Wir haben uns in diesem Beispiel konsequent an die vier Stufen gehalten, um den Kunden seinen Bedarf (Zuverlässigkeit seinem Kunden gegenüber) selbst konkretisieren zu lassen. Der Verkäufer kann jetzt sein Produkt, beispielsweise Fax-Software mit Modem oder ISDN-Karte, durch Nutzen beschreiben, der auf dem konkreten Bedarf des Kunden aufgebaut ist. Hätte er die Lösung schon bei Antwort zwei, drei oder vier präsentiert, wäre es viel zu früh gewesen, weil dem Kunden die ganze Tragweite noch nicht bewusst gewesen wäre. Besonders die Antwort vier könnte dazu verleiten, das Produkt mit dem Nutzen Zeitersparnis beschreiben zu wollen und die Lösung anzubieten. Das hätte den wirklichen Kern aber nicht getroffen. Hier muss dann noch einmal zurückgegangen werden, um den Nutzen Zeitersparnis gesondert auszubauen.

Es kann also durchaus vorkommen, dass Sie diese Stufen mehrmals durchlaufen müssen, um eine beziehungsweise mehrere konkrete Bedarfssituationen aufzudecken.

Verwenden Sie das OPAL-Gesprächsmodell, um

⇨ den Kunden auf ein Problem hinzuweisen, das er selbst noch nicht als bedeutsam wahrnimmt und für das Sie eine Lösung haben,

⇨ sich als Lösungsanbieter zu positionieren,

⇨ den Preisdruck zu minimieren,

⇨ Einwände zu reduzieren,

⇨ neue Bedarfsfelder bei bestehenden Kunden zu entwickeln,

- ⇨ Zutritt zu anderen Kaufbeeinflussern oder Abteilungen zu erhalten,
- ⇨ Wettbewerbsangebote zu „entlarven",
- ⇨ sich vom Mitbewerb zu unterscheiden,
- ⇨ unvergleichliche Angebote abzugeben,
- ⇨ mehr Spaß am Verkaufen zu haben.

3. Praktische Anwendung

Warum sollten Sie Fragen stellen, und wie wird Ihr Verkauf hierdurch unterstützt?

Orientierungsfragen

Ihre Interessenten werden zu Kunden, wenn es Ihnen gelingt, ihren konkreten Bedarf zu ermitteln und zu decken. Sollte der Interessent mit seiner jetzigen Situation nicht vollauf zufrieden sein, so haben Sie die Möglichkeit, Problemfelder aufzudecken und durch gezielte Fragen den vermuteten Bedarf zu einem konkreten Bedarf auszubauen. Dies ist allerdings unmöglich, wenn Sie zuvor nicht ein Fundament schaffen, von dem aus Sie die Unzufriedenheit oder das Problem des Kunden zu Tage fördern und sichtbar machen können.

☞ **Orientierungsfragen dienen dazu, eine Grundlage zu schaffen, um Unzufriedenheiten oder Probleme des Kunden aufzudecken.**

Jede von Ihnen gewonnene Äußerung des Kunden über seinen konkreten Bedarf steigert die Chancen Ihres Verkaufserfolgs. Deshalb sollten Sie möglichst viel über die Situation des Kunden wissen. Auf diesem Wissen begründet, können Sie dann Ansatzpunkte finden, um Bedarf zu entdecken und weiterzuentwickeln.

Damit dem Gespräch der Verhörcharakter genommen wird und keine Langeweile aufkommt, stellen Sie Fragen zur Ist-Situation so allgemein wie möglich. So erhalten Sie auf wenige Fragen viele Informationen. Auch hier ist es sinnvoll, sich diese Fragen vor dem Gespräch zu überlegen. So vermeiden Sie irrelevante und zu viele Fragen. Welche Möglichkeiten Ihnen hierzu bei allen vier Fragearten offen stehen, finden Sie in Kapitel 10.

Problemfragen

Jeder Mensch kann mit seinen Problemen leben, solange sie sich nicht bewegen. In den seltensten Fällen wird einem Ihrer Interessenten also von allein die plötzliche Idee kommen, dass er Ihr Produkt oder Ihre Dienstleistung dringend benötigt. Bedarf entwickelt sich – ohne Ihr Dazutun – nur sehr langsam. Sie können diesen Prozess jedoch beschleunigen, in dem Sie „Bewegung" in die Probleme oder die Unzufriedenheit Ihres Interessenten bringen. Durch Problemfragen decken Sie vermuteten Bedarf auf, den Sie später zu konkretem Bedarf weiterentwickeln können.

Da sich nicht jeder vermutete Bedarf konkretisieren lässt, ist es wichtig, ein möglichst großes Potenzial an vermutetem Bedarf zu schaffen. Das bedeutet wiederum, dass Ihr Verkaufserfolg im Zusammenhang mit der Anzahl der von Ihnen gestellten Problemfragen zu sehen ist.

☞ **Problemfragen helfen Ihnen, vermuteten Bedarf zu entdecken.**

Scheuen Sie sich nicht, so viele Problemfragen wie möglich zu stellen. Wenn Sie das Vertrauen des Kunden gewonnen haben, wird er sie Ihnen auch gerne beantworten.

Auswirkungsfragen

Durch Problemfragen haben Sie vermuteten Bedarf entdeckt. Betrachten Sie diesen als Rohdiamanten, dem seine endgültige Form noch gegeben wird. Er muss noch zu einem konkreten Bedarf geschliffen werden. Das ist nur möglich, indem der Kunde auf die negativen Konsequenzen, die sich aus seinen Problemen ergeben bzw. die positiven Auswirkungen der künftigen Lösung, aufmerksam gemacht wird. Nur durch Auswirkungsfragen kann ein vermuteter Bedarf zu einem konkreten Bedarf entwickelt werden. Denn ein Problem, das aus Kundensicht keine negativen Auswirkungen hat oder dessen Lösung keine zukünftige Verbesserung darstellt, *ist für ihn kein Problem.*

Ihrem Interessenten wird seine Unzufriedenheit in einem ganz anderen Licht erscheinen, wenn Sie es ausgebaut haben. Es wird ihm klar und bedeutsam.

☞ **Auswirkungsfragen bauen ein Problem oder eine Unzufriedenheit aus.**

Lösungsfragen

Erst nachdem Ihrem Kunden das Problem wichtig erscheint, ist es sinnvoll, das Gespräch in die Richtung Ihres Produkts beziehungsweise Ihrer Problemlösung zu lenken. Die Wahrscheinlichkeit, dass Ihr Kunde sein Problem nicht nur klar erkannt hat, sondern auch lösen will, erhöht sich, wenn Sie Lösungsfragen stellen.

☞ **Lösungsfragen dienen dazu, bei Ihrem Kunden den brennenden Wunsch nach einer Lösung zu wecken.**

In unserem Beispiel brachte die Lösungsfrage den Kunden dazu, seinen Bedarf konkret zu äußern: „Es wäre fantastisch ..." Erinnern Sie sich bitte noch einmal an den gesamten Frageverlauf von Seite 45ff.

☞ **Wir verstehen unter konkret geäußertem Bedarf zwei Komponenten, nämlich: ein klares Problem *und* den Wunsch nach einer Lösung.**

Wie unterscheiden sich die verschiedenen Fragetypen?

Ebenso schwierig wie die Unterscheidung zwischen vermutetem und konkretem Bedarf ist die Beherrschung der verschiedenen Fragetypen.

> ✘ **Kreuzen Sie bitte an, ob es sich bei den folgenden Beispielen um eine Orientierungsfrage handelt:**
>
> | | | Orientierungsfrage |
> |---|---|---|
> | 1. | „Wie viele Blutuntersuchungen machen Sie täglich in Ihrer Praxis?" | ○ |
> | 2. | „Haben Sie auch Firmenwagen für Ihre Mitarbeiter?" | ○ |
> | 3. | „Ist der Service für Ihre Büromaschinen zufriedenstellend?" | ○ |
> | 4. | „Wie oft muss die Abfüllanlage gewartet werden?" | ○ |
> | 5. | „Haben Sie Aktenvernichter im Einsatz?" | ○ |

➤ **Beachten Sie:** Orientierungsfragen liefern Basisinformationen.

✗ Kreuzen Sie bitte an, ob es sich bei folgenden Beispielen um eine Problemfrage handelt:

Problemfrage

1. „Wie viele Firmenwagen setzen Sie ein?" ○
2. „Ist es für Ihr Unternehmen schwierig, neue Kunden zu finden?" ○
3. „Gibt es Schwierigkeiten bei der Abwicklung?" ○
4. „Entstehen Ihnen zusätzliche Kosten durch verspätete Lieferungen?" ○
5. „Betrifft Ihre Expansion nur die Produktion, oder ist der Außendienst auch betroffen?" ○
6. „Wenn Sie momentan nur Ihre Produktion ausweiten, wird Ihre Vertriebsorganisation dann nicht zu klein sein?" ○
7. „Gibt es in Ihrem Fuhrpark Dinge, die Sie für verbesserungswürdig erachten?" ○
8. „Wenn Sie heute noch einmal entscheiden könnten: Was würden Sie anders machen oder verbessern?" ○
9. „Ist Ihre Produktion gleichmäßig ausgelastet, oder gibt es saisonal bedingte Schwankungen?" ○
10. „Ist es nicht zeitraubend, wenn Sie jede Ihrer Filialen einzeln aus Ihrem Zentrallager beliefern?" ○
11. „Was machen Sie, wenn die Anlage ausfällt?" ○

➤ **Beachten Sie:** Problemfragen decken Schwierigkeiten oder Unzufriedenheiten mit der bestehenden Situation des Kunden auf.

> **✗ Kreuzen Sie bitte an, ob es sich bei den folgenden Beispielen um eine Auswirkungsfrage handelt:**
>
>   **Auswirkungsfrage**
>
> 1. „Führen die von Ihnen erwähnten langen Lieferzeiten dazu, dass Sie Kunden verlieren?"   ○
>
> 2. „Wenn ich Ihnen eine Möglichkeit zeigen würde, die Lieferzeiten zu verringern, wäre das von Vorteil für Sie?"   ○
>
> 3. „Gibt es Schwierigkeiten bei der Belieferung der Filialen?"   ○
>
> 4. „Verzögert die minderwertige Qualität der Scharniere den gesamten Produktionsablauf?"   ○
>
> 5. „Haben Sie Schreibmaschinen im Einsatz?"   ○
>
> 6. „Wenn die Ware, wie Sie sagen, zu lange unterwegs ist, kann sie dann verderben?"   ○
>
> 7. „Wenn ich Ihnen zeigen könnte, wie Sie Ihre Produktionsabläufe vereinfachen können, wäre das interessant für Sie?"   ○
>
> 8. „Müssen Sie auf Grund des hohen Arbeitsanfalls Überstunden bezahlen?"   ○

➤ **Beachten Sie:** Auswirkungsfragen bauen ein Problem oder eine Unzufriedenheit aus.

✘ Kreuzen Sie bitte an, ob es sich bei den folgenden Beispielen um Lösungsfragen handelt:

                                                                         Lösungsfrage

1. „Wenn ich Ihnen einen Weg zeigen könnte, die Transportzeiten um einen Tag zu verkürzen, was würde das im Hinblick auf verderbliche Ware bedeuten?"   ○

2. „Wie hoch ist der hierdurch entstehende Zeitverlust?"   ○

3. „Was würde es hinsichtlich der Personalkosten bedeuten, wenn wir die Überstunden um 80 Prozent reduzieren könnten?"   ○

4. „Ist durch das Problem in Ihrem Lager nicht die Pünktlichkeit aller Lieferungen gefährdet?"   ○

5. „Welchen Vorteil hat der Einsatz dieses Gerätes für Sie?"   ○

6. „Wäre es ein Vorteil für Sie, wenn wir Ihnen die zusätzliche Kapazität anbieten könnten, die Ihnen jetzt fehlt?"   ○

☛ **Beachten Sie:** Lösungsfragen beziehen sich auf die Lösung oder ihren Wert beziehungsweise ihre Wichtigkeit für den Kunden.

Wie Sie günstige und riskante Zeitpunkte für die verschiedenen Fragen erkennen

Eine allgemein verbreitete Meinung ist, dass im Verlauf eines Verkaufsgesprächs möglichst viele Fragen gestellt werden sollen. Leider ist das nur die halbe Wahrheit und gleichzeitig auch ein verbreitetes Übel. Denn durch zu viele und planlos gestellte Fragen erzielt der Verkäufer meist nicht das gewünschte Ergebnis, den Vertragsabschluss. Im Gegenteil, der Kunde wird hierdurch verärgert und betrachtet den Verkäufer als inkompetent. Manche unüberlegt gestellte Frage kann unangenehme Aspekte in die Verhandlung bringen oder neue Fragen des Kunden aufwerfen, die der Verkäufer dann nur mühsam beantworten kann.

Eine gute Fragetechnik im Verkaufsgespräch verfolgt bestimmte Ziele. Deshalb gilt es zu prüfen, wann welche Fragen sinnvoll sind und wann nicht, wann sie sich auf Ihren Verkauf positiv auswirken, wann eher negativ.

1. Orientierungsfragen

➤ In den folgenden Verhandlungsphasen oder Bereichen können Orientierungsfragen riskant sein und sich negativ auf Ihren Verkauf auswirken.

In der Endphase des Verkaufs:

Wenn Sie Orientierungsfragen am Ende eines Verkaufsgesprächs stellen, kommen in der Regel nur drei Gründe hierfür in Betracht:

⇨ Ihre Fragen in der Eröffnungsphase waren unzureichend gestellt.

⇨ Sie haben Ihrem Kunden nicht richtig zugehört.

⇨ Sie haben ein gutes Verkaufsgespräch geführt, aber anstatt nach dem Auftrag zu fragen, fangen Sie von vorne an und stellen Orientierungsfragen. Sicherlich, eine gewisse Angst vor einem Nein ist verständlich. Vergegenwärtigen Sie sich jedoch bitte: Fragen Sie den Kunden nach einem guten Verkaufsgespräch, in dem Sie Nutzen entwickelt haben, nach dem Auftrag, sagt er zu 80 Prozent ja. Beginnen Sie das Gespräch wieder von vorne, sagt er zu 100 Prozent nein.

Die Reaktion des Kunden wird in allen drei Fällen ähnlich sein:

– „Wieder so ein Verkäufer, den meine Probleme nicht wirklich interessieren."
– „Noch so einer, der nicht zuhört."
– „Welche Zeitverschwendung!"
– „Der Verkäufer weiß nicht, was er will."
– „So richtig überzeugt von seinem Produkt ist der ja selber nicht."

Das Erforschen irrelevanter Bereiche:

Orientierungsfragen sind einfach zu stellen und verführen deshalb häufig dazu, über alles Mögliche zu reden, nur nicht über die Bereiche, in denen es Probleme gibt und die Ihr Produkt oder Ihre Dienstleistung betreffen. Wenn Sie diese Fragen planlos stellen, erhalten Sie auch für Ihren Verkauf irrelevante Informationen. Das kostet Sie nicht nur eine Menge Zeit, sondern stellt spätestens dann für Sie eine Katastrophe dar, wenn Sie hierdurch Probleme aufdecken, die Sie gar nicht lösen können.

Zu viele Orientierungsfragen:

Viele Verkäufer verpassen einfach den Zeitpunkt, auf den Problembereich näher einzugehen, wenn sie genügend Informationen gesammelt haben. Diese Vorgehensweise ist im höchsten Maß ungeeignet, weil der Interessent ungeduldig wird und Verhörcharakter entsteht. Überdies ist jedes Verkaufsgespräch zeitlich begrenzt, und es fehlt später die Zeit, für entdeckte Probleme entsprechende Lösungen zu finden.

Kompetenzbereiche:

Hintergrundinformationen in diesem Bereich zu erhalten ist äußerst problematisch. Beispielsweise können Fragen nach der Zeichnungsberechtigung des Verhandlungspartners, direkt am Anfang gestellt, zu einer abwehrenden Haltung führen. Andererseits ist es durchaus möglich, die Kompetenz des Gesprächspartners schon bei der Terminvereinbarung „abzuklopfen". Beachten Sie jedoch, dass Ihre Frage nach der Zuständigkeit nicht automatisch die Frage nach der Entscheidungsbefugnis beantwortet. Besonders schwierig wird es, wenn Sie es mit mehreren Verhandlungspartnern (Buying-Center) zu tun haben. Auch wenn die Klärung dieser Frage für Ihren Verkauf besonders wichtig ist, erfordert sie ein gewisses Einfühlungsvermögen (siehe auch Kapitel 8: Die Zusage des Kunden erlangen).

➤ Die folgenden Verhandlungsphasen sind gut geeignet, um Ihren Verkauf durch Orientierungsfragen zu unterstützen:

Eröffnungsphase:

Da Sie bei einem Erstbesuch zunächst einmal die betriebliche Situation des Kunden kennen lernen müssen, ist ein gewisses Maß an Orientierungsfragen notwendig. Zum einen brauchen Sie diese Informationen als Basis, um Problemfelder entdecken zu können. Zum anderen, um dem Kunden das Gefühl zu geben, dass Sie sich mit seiner Situation beschäftigen. Nur so kann er Vertrauen in Sie und Ihre spätere Lösung gewinnen. Gut gewählte Orientierungsfragen in der Eröffnungsphase können Ihnen also helfen:

– Problemfelder zu entdecken und
– eine Vertrauensbasis zu schaffen.

Veränderung der Kundensituation:

Stammkunden sollten von Ihnen grundsätzlich auf Änderungen in organisatorischen Abläufen oder der gesamten betrieblichen Situation untersucht werden. Jede Veränderung kann auch zu einer Verschiebung des Bedarfs für Ihr Produkt führen. Durch Orientierungsfragen halten Sie sich über die Situation Ihres Stammkunden auf dem Laufenden, und Sie haben die Möglichkeit, zusätzliche Geschäfte zu machen oder im Bedarfsfall flexibel handeln zu können, um den Kunden nicht zu verlieren.

2. Problemfragen

Manche Verkäufer befürchten, den Kunden durch Problemfragen zu verärgern und so eine Abwehrhaltung hervorzurufen. Diese Befürchtung ist im Allgemeinen unbegründet. Haben Sie das Vertrauen des Kunden gewonnen, wird er sich gerne mit Ihnen über seine Probleme oder Unzufriedenheiten unterhalten. Beachten Sie jedoch, dass Sie nicht direkt mit der Tür ins Haus fallen. Begrüßungen wie: „Guten Tag. Mein Name ist Heinz Klette. Wo drückt denn der Schuh?" sind gänzlich ungeeignet, um beim Kunden Interesse für ein Gespräch mit Ihnen zu wecken.

➤ In den folgenden Bereichen oder Verhandlungsphasen können Problemfragen riskant sein und sich negativ auf Ihren Verkauf auswirken:

Eine Entscheidung wurde bereits getroffen:

Verkäufer, die zu einem Kunden kommen, der kürzlich erst eine Entscheidung getroffen hat, neigen merkwürdigerweise besonders dazu, dem Kunden möglichst viele Fragen nach Problemen oder Unzufriedenheiten zu stellen. Davon abgesehen, dass es nicht gerade von Professionalität zeugt, den Kunden für das eigene „Zuspätkommen" verantwortlich machen zu wollen, ist es äußerst unklug. Der Kunde wird zu diesem Zeitpunkt Problemfragen als Kritik an seiner Entscheidung auffassen und sich Ihnen verschließen. Selbst wenn Probleme offen zu Tage treten sollten, wird er zu diesem Zeitpunkt seine Entscheidung mit aller Macht verteidigen. Es ist klüger, den Kunden für seine Entscheidung zu loben. So können Sie später den erneuten Kontakt suchen, ohne beim Kunden in schlechter Erinnerung geblieben zu sein.

Kompetenzbereiche, Firmenphilosophie, Interna:

Selbst wenn Sie Ihren Kunden gut kennen, stellen Problemfragen in diesen Bereichen immer eine Gefahr dar. Deshalb sollten Sie hier besonders sensibel vorgehen und warten, bis Sie das volle Vertrauen Ihres Kunden genießen. Auch ist es ratsam, sich zu überlegen, ob Problemfragen in diesen Bereichen überhaupt vonnöten sind. Selbst wenn es Ihnen gelingt, dass Ihr Kunde Ihnen beispielsweise von abteilungsinternen Problemen erzählt, so hat das vielleicht „Verbrüderungscharakter", der Ihren Verkauf nicht zwangsweise unterstützt.

Problemfragen zur eigenen Lösung:

Sollte der Kunde Ihr Produkt schon einsetzen, so ist es selbstverständlich erstrebenswert, seinen Zufriedenheitsgrad zu kennen. Das sollte Sie jedoch nicht dazu verleiten, Problemfragen über das eigene Produkt zu stellen. Diese sollen ja Unzufriedenheiten erforschen, und das kann in diesem Fall kaum in Ihrem Interesse liegen. Es sei denn, Sie können dem Kunden ein besseres Produkt anbieten. Achten Sie also darauf, solche Fragen nur in Bereichen zu stellen, in denen Sie auch wirklich eine Verbesserung anbieten können.

➤ In folgenden Bereichen oder Verhandlungsphasen sind Problemfragen gut geeignet, um Ihren Verkauf zu unterstützen:

Eröffnungsphase des Verkaufs:

Eine Schwierigkeit besteht hierbei darin, den richtigen Zeitpunkt zu finden. Problemfragen sollten recht früh in der Verkaufsverhandlung gestellt werden. Und zwar nachdem Sie genügend Informationen gesammelt haben. Keinesfalls jedoch vorher. Der Kunde hat eventuell noch nicht genug Vertrauen gefasst oder ist noch unvorbereitet. Er wird abstreiten, Probleme zu haben oder unzufrieden zu sein. Wenn ein Nein einmal im Raum steht, wird es schwerlich vom Kunden zurückgenommen werden.

Wichtige Bereiche, für die Sie eine Lösung haben:

Problemfragen machen nur in Bereichen Sinn, die Ihrer Ansicht nach für den Kunden bedeutsam sein könnten. Je wichtiger dem Kunden ein Problem ist oder es mit Ihrer Hilfe wird, desto größer ist der Wunsch nach einer Lösung. Sollten Sie merken, dass der Bereich, in dem Sie diese Fragen stellen, für den Kunden bedeutungslos ist, wechseln Sie schnellstmöglich in einen anderen Bereich. Beachten Sie jedoch, dass das größte Problem Ihren Verkauf nicht fördert, wenn Sie hierzu keine passende Lösung anbieten können.

Problemlösungen:

Problemfragen sollen Unzufriedenheiten oder Probleme zu Tage fördern. Aus diesem Grund sollten Ihre Fragen auf die durch Ihr Produkt gebotene Problemlösung abzielen.

3. Auswirkungsfragen

Das Geheimnis der erfolgreichsten Verkäufer ist ganz einfach: Geduld. Sobald der Kunde Andeutungen über ein Problem oder eine Unzufriedenheit macht beziehungsweise vermuteten Bedarf anspricht, präsentieren mittelmäßige Verkäufer schon voreilig die Lösung. Aus ihrer Sicht liegt der Bedarf klar auf der Hand, und sofort wird der Kunde mit allen Vorteilen des Produkts konfrontiert. Es entsteht der Eindruck des „Überreden-Wollens", denn der Kunde hat den Bedarf noch nicht richtig erfasst, und das Problem erscheint ihm nicht lösenswert genug.

Der erfolgreiche Verkäufer stellt zunächst einmal Auswirkungsfragen, um zu erreichen, dass dem Kunden die negativen Auswirkungen bewusst werden.

➤ In folgenden Bereichen oder Verhandlungsphasen sind Auswirkungsfragen riskant und können sich negativ auf Ihren Verkauf auswirken:

Eröffnungsphase:

„Guten Tag, Herr Selms. Ich habe in der Zeitung xy gelesen, dass Sie Absatzprobleme haben. Welche Konsequenzen hat das für Ihre Abteilung?" Hiermit erreichen Sie höchstens, dass der Kunde eine Verteidigungshaltung einnimmt und das Gespräch in einer äußerst negativen Stimmung beginnt. Es steht auch nicht zu erwarten, dass der Kunde seine Haltung im weiteren Gesprächsverlauf ändern wird. Mit hoher Wahrscheinlichkeit erhalten Sie in einem so begonnenen Gespräch weder wichtige Informationen, noch wird sich der Kunde mit Ihnen über seine wirklichen Probleme unterhalten wollen.

Konsequenzen, für die Sie keine Lösung haben:

Achten Sie bitte in allen Bereichen darauf, dass Sie für die Probleme des Kunden und deren negative Konsequenzen auch eine Lösung anbieten können. Ermuntern Sie Ihren Kunden nicht, über die Auswirkungen seiner Unzufriedenheit oder Probleme zu erzählen, wenn Sie ihm bei der Lösung nicht helfen können.

➤ In folgenden Bereichen oder Verhandlungsphasen sind Auswirkungsfragen gut geeignet, um Ihren Verkauf zu unterstützen:

Bei ernsten Problemen:

Je ernster das Problem oder die Unzufriedenheit Ihres Interessenten ist, desto mehr Auswirkungsfragen können Sie stellen. Fragen Sie nach Faktoren wie Zeit, Kundenzufriedenheit, Kosten oder umständliche Handhabung etc. Je ernster das Problem ist, desto lieber wird der Kunde Aussagen über negative Auswirkungen treffen und sich den Wunsch nach einer Lösung „selbst verkaufen".

Wenn das Gespräch auf andere Probleme gelenkt werden muss:

Stellen Sie sich vor, Sie verkaufen ein Produkt, das viele Möglichkeiten bietet und hochwertige Qualität produziert (beispielsweise ein Drucker). Im direkten Vergleich zu Ihrem Mitbewerber hat das Gerät jedoch den Nachteil, dass es langsamer arbeitet. Wenn Sie mit Problemfragen auf den Bereich Zeit getroffen sind, könnte es für Ihren Verkauf äußerst negative Folgen haben, wenn Sie hierzu Auswirkungsfragen stellen. Sie haben jedoch die Möglichkeit, die Unzufriedenheit auf andere Bereiche zu lenken und hier Auswirkungsfragen zu stellen. So könnten Sie beispielsweise erfahren, dass die negativen Auswirkungen im Bereich Qualität dazu führen, dass Druckaufträge öfter gefahren werden müssen, bis die Qualität den hohen Anforderungen genügt. So könnten Sie den Faktor Zeit mit der hohen Druckqualität Ihres Produkts dann wieder ausgleichen.

4. Lösungsfragen

Nachdem Sie das Problem des Kunden ausgebildet haben, stellen Sie Lösungsfragen, damit Ihrem Gesprächspartner deutlich wird, was Ihre Problemlösung beispielsweise in klingender Münze, als Zeit- oder Prestigegewinn für ihn darstellt. *Erst dann* stellen Sie die Problemlösung vor, ohne die dieser Gewinn nicht möglich ist. Stellen Sie Lösungsfragen zu einem früheren Zeitpunkt, ist sich ihr Gesprächspartner noch nicht über seine Probleme im Klaren. Der Wunsch nach einer Lösung ist hier noch nicht sonderlich ausgeprägt. Wenn Sie fragen, nachdem Sie die Lösung vorgestellt haben, versuchen Sie, im Nachhinein den Wunsch nach Ihrem Produkt zu wecken und zäumen so das Pferd von hinten auf.

➤ In folgenden Bereichen oder Verhandlungsphasen sind Lösungsfragen riskant und können sich negativ auf Ihren Verkauf auswirken:

In einer frühen Phase der Verhandlung:

Verkäufer, die Fragen nach dem Gewinn zu früh stellen, laufen Gefahr, auf den Kunden unseriös zu wirken. Ohne genaue Kenntnis der Sachlage und der wahren Probleme des Kunden sind Lösungsfragen im Hinblick auf den Lösungswunsch des Kunden nicht nur wertlos, sondern bewirken oftmals das Gegenteil. Da der Kunde dem Verkäufer kein Vertrauen entgegenbringt, wird er seinen wirklichen Bedarf oder seine Probleme verbergen.

Der Bedarf des Kunden ist nicht objektiv:

Oftmals kaufen Kunden, weil sie gerade in der Stimmung dazu sind oder andere, Ihnen unbekannte Motive, eine Rolle spielen. Beispielsweise hat sich Rechtsanwalt Müller ein Kopiergerät mit 20-fach Sorter und allen Schikanen zugelegt. Rechtsanwalt Lehmann „braucht" dieses Gerät nun selbstredend auch. Wenn Sie Herrn Lehmann jetzt Lösungsfragen stellen, wird er überlegen und letztendlich feststellen, dass er das Gerät objektiv betrachtet gar nicht benötigt.

➤ In folgenden Bereichen oder Verhandlungsphasen sind Lösungsfragen gut geeignet, um Ihren Verkauf zu unterstützen:

Die Lösung stellt auch einen Gewinn für andere Gebiete dar:

„In welchen anderen Bereichen könnten Sie das durch unser Gerät eingesparte Geld verwenden?" Durch diese Frage können Sie Ihren Kunden anregen, über weitere Probleme oder Bedarf nachzudenken. Mit dem durch Ihre Lösung eingesparten Geld kann er beispielsweise den Bedarf in einer anderen Abteilung decken und Ihnen sofort noch einen weiteren Auftrag erteilen.

Der Kunde muss Rechenschaft ablegen:

Oftmals muss sich der Kunde für seine Entscheidung an anderer Stelle rechtfertigen. Je mehr Lösungsfragen Sie stellen, um den Gewinn, den Ihr Produkt bringt, darzustellen, desto leichter wird es für Ihren Kunden, seine Entscheidung an anderer Stelle zu begründen.

Ihr Kunde kann selbst nicht unterschreiben:

Manchmal kommen Sie in die unangenehme Lage, nicht mit dem Entscheider persönlich – obwohl Sie das grundsätzlich anstreben sollten – verhandeln zu können. Mit vielen Lösungsfragen erleichtern Sie es Ihrem Gesprächspartner, den möglichen Gewinn, der durch Ihr Produkt erzielt wird, an höherer Stelle zu „verkaufen".

Welche unterschiedlichen Möglichkeiten haben Sie, Ihre Fragen zu formulieren?

1. Orientierungsfragen

Durch Orientierungsfragen erhalten Sie Informationen über die Situation des Kunden, aus denen sich Ansatzpunkte für lösbare Probleme ergeben. Viele Verkäufer verunsichern ihren Gesprächspartner jedoch, indem sie ihm das Gefühl geben, verhört zu werden. Sie stellen einfach *zu viele* und anfänglich zu konkrete Fragen. Auch der oftmals empfohlene Einsatz von Fragebögen oder -katalogen trägt nicht unbedingt dazu bei, Vertrauen zu schaffen. Das „Abarbeiten" eines Fragebogens demonstriert lediglich die Unsicherheit des Verkäufers, nicht aber ein wirkliches Interesse an der Situation des Kunden. Das Gespräch sollte in einer entspannten Atmosphäre verlaufen und dem Kunden das Gefühl der Ungezwungenheit vermitteln. Um dies zu erreichen, müssen Sie sich zunächst zwei Fragen beantworten:

1. Wie erhalte ich durch wenige Fragen die gewünschten Informationen?
2. Welche Formulierungen kann ich verwenden, damit sich der Kunde nicht verhört, sondern verstanden fühlt?

Es ist wichtig sicherzustellen, dass Ihre Fragen ein bestimmtes Ziel verfolgen. Der Zweck von Orientierungsfragen besteht darin, später auf Problembereiche überleiten zu können. Deshalb sollten sich Ihre Fragen auf Bereiche konzentrieren, in denen der Kunde Ihrer Meinung nach Probleme haben *könnte*.

Planen Sie also vor dem Besuch, und überlegen Sie,

⇨ welche möglichen Kundenprobleme Sie ansprechen können, für die Ihr Produkt oder Ihre Dienstleistung eine Lösung anbietet;

⇨ welche Informationen zur Kundensituation Sie benötigen, *ehe* Sie diese Probleme genauer untersuchen können.

Beispiel:

1. Mögliches Kundenproblem (durch Ihr Produkt lösbar): Saisonal bedingte Engpässe in der Fertigung.
2. Wesentliche Informationen über die Situation des Kunden, bevor das Problem genauer betrachtet werden kann:

   - „Welche Maschinen werden momentan eingesetzt?"
   - „Müssen Aufträge außer Haus gegeben werden?"
   - „Wie hoch ist die Produktivität?"
   - „Wie wird die Weiterverarbeitung gehandhabt?"

Es kann durchaus vorkommen, dass Sie mehrere Fragen stellen müssen, bevor Sie auf das Ermitteln von Problemen übergehen können. Da das Interesse des Kunden in dieser Phase im Allgemeinen eher gering ist, sollte er zumindest erkennen können, dass Sie sich mit seiner *allgemeinen* Situation beschäftigen und ihn als einen wichtigen Gesprächspartner ansehen, dessen Antworten Ihnen wichtig sind.

Viele Kunden verschließen sich jedoch ganz, wenn sie anfangs mit ungeschickten und zusammenhanglosen Fragen regelrecht bombardiert werden:

- „Wie viele LKW haben Sie im Einsatz?"
- „Haben Sie ein Faxgerät?"
- „Wie oft benutzen Sie Ihr Handy?"
- „Ist Ihr System ausgelastet?"
- „Wann nutzen Sie die Geräte am häufigsten?"
- „Wo lassen Sie fertigen?"

Die Liste der Fragen ist endlos und wird vom Kunden unterbewusst immer als Ausfragen interpretiert.

Um dem vorzubeugen, sollten Sie Ihre Fragen zunächst so allgemein wie möglich stellen. Eine geschickte Technik besteht darin, die Fragen auf verschiedene Arten miteinander zu verbinden. Hierdurch werden die Übergänge eleganter und lassen Ihren Kunden die Zusammenhänge erkennen.

Es gibt grundsätzlich drei Arten, Verbindungen herzustellen:

1. Zu Aussagen des Kunden werden Verbindungen hergestellt. Hierdurch kann eine Fragekette ein zusammenhängendes Bild ergeben.

Beispiel:

Verkäufer: „Bei einem Unternehmen Ihrer Größe fällt bestimmt ein hoher administrativer Aufwand an. Wie bewältigen Sie diesen?"

Kunde: „Wir haben natürlich diverse Büromaschinen im Einsatz. Mehrere Schreibmaschinen, Faxgeräte und Kopierer."

Verkäufer: „Welche Kopierer benutzen Sie?"

Kunde: „Copyfix 36."

Verkäufer: „Copyfix 36? Ein Gerät mit Sorter. Müssen Sie häufig ganze Sätze erstellen?"

Kunde: „Ja. Eigentlich wird fast alles sortiert. Ich schätze so an die 90 Prozent des Volumens."

Verkäufer: „90 Prozent, das ist sehr viel. Kopieren Sie die Sätze auch direkt doppelseitig?"

Kunde: „Ja, sicherlich. Sonst wäre unser Papierverbrauch zu hoch."

Da sich die Fragen immer auf die Aussagen des Kunden beziehen, wirkt das Gespräch natürlich und zwanglos. Wenn wir diesen kurzen Abschnitt nochmals ohne Verbindungen darstellen, werden Sie zwangsläufig den Verhörcharakter erkennen:

- „Wie bewältigen Sie Ihren hohen administrativen Aufwand?"
- „Welche Kopierer haben Sie im Einsatz?"
- „Sortieren Sie die Sätze?"
- „Kopieren Sie auch doppelseitig?"

2. Zu persönlichen Beobachtungen werden Verbindungen hergestellt.

Aufmerksame Verkäufer nehmen im Hause des Kunden Dinge wahr, die sie später als Einleitung für Orientierungsfragen verwenden. Das zeigt dem Kunden das wirkliche Interesse des Verkäufers an seiner Situation.

Beispiele:

- „Sie haben da draußen ja einen ganz schönen Fuhrpark stehen. Sind die Wagen alle geleast?"
- „Ich habe gesehen, dass Sie anbauen. Welche Abteilung in Ihrem Haus wird denn vergrößert?"
- „Ich habe im Flur einen Großkopierer gesehen. Wie viele Abteilungen nutzen dieses Gerät?"
- „Ich habe in der ... gelesen, dass Sie kürzlich in den Bereich ... investiert haben. Welche Idee steckt dahinter?"
- „Ich habe gesehen, dass Sie neben Ihren Produkten nun auch verstärkt Lösungen anbieten. Wie nehmen Ihre Kunden das auf?"

3. Es wird eine Verbindung zur Situation Dritter hergestellt.

Hierdurch beweisen Sie Ihre Kompetenz, weil Sie Erfahrungen und Kenntnisse zur Situation des Kunden demonstrieren können. Überdies sorgen Sie für abwechselnde Formulierungen.

Beispiele:
- „Viele Notariate Ihrer Größe gehen dazu über, ihre Daten auf wiederbeschreibbaren CD-Roms zu speichern. Zum einen spart es Kosten, zum anderen ist es weniger kompliziert. Wie wird das bei Ihnen gehandhabt?"
- „Aus Kostengründen gehen viele Unternehmen Ihrer Größe dazu über, die Beschaffung und Verwaltung ihrer Dienstfahrzeuge Firmen anzuvertrauen, die darauf spezialisiert sind. Wie ist das bei Ihnen organisiert?"

2. Problemfragen

Durch Problemfragen wollen Sie erreichen, dass Ihr Kunde über seine Unzufriedenheit nachdenkt. Bedenken Sie hierbei immer: Es spielt keinerlei Rolle, wie klar *Sie* den Bedarf sehen. Wenn der Kunde ihn nicht erkennt, existiert er nicht. Das bedeutet für Sie, dass Ihre Fragen den Gedankengängen des Kunden angepasst werden müssen. Je gleitender die Verbindung zwischen Ihren Fragen zur Situation des Kunden und Ihren späteren Problemfragen ist, desto einfacher können Sie Ihren Kunden zu seinem Bedarf hinführen.

Schaffen Sie gleitende Verbindungen, in dem Sie:

- überlegte Orientierungsfragen stellen, die den Kunden zu möglichen Problemfeldern führen,

- durch überleitende Sätze die Antworten des Kunden mit Ihren Problemfragen verbinden,

- die Problemfragen flexibel formulieren.

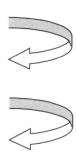

Eine gute Möglichkeit, den Übergang zwischen Orientierungs- und Problemfragen zu gestalten ist,

⇨ vor dem Besuch zu überlegen, welche möglichen Problemfelder es bei diesem Kunden gibt;

⇨ festzulegen, welche Informationen über die Kundensituation Sie brauchen, um Problemfragen zu diesen Bereichen stellen zu können.

Beispiel: Bordkartenverarbeitung auf Flughäfen

1. Mögliches Kundenproblem (das Ihr Produkt lösen kann)

   Trotz Einsatz von drei Mitarbeiterinnen nimmt das Boarding und die spätere Weiterverarbeitung der Bordkarten viel Zeit in Anspruch.

2. Informationen über die Situation, die später für Problemfragen gebraucht werden:

- Müssen die Bordkarten später zu statistischen Zwecken weiterverarbeitet werden?
- Werden die Passagiere in der vorgesehenen Zeit abgefertigt?
- Gibt es bessere Möglichkeiten, zwei eventuell eingesparte Mitarbeiterinnen einzusetzen? Etc.

Verbindende Sätze

Oftmals müssen Sie mehrere Problemfragen stellen, um eine Unzufriedenheit aufzudecken, bevor Sie diese dann zu einem Bedarf weiterentwickeln können. Um das Gespräch lebendig zu halten, sollten Sie *wiederholte Formulierungen vermeiden*, so zum **Beispiel:**

- „Gibt es ein Problem mit der Zuverlässigkeit?"
- „Gibt es ein Problem mit dem Service?"
- „Gibt es ein Problem mit der Handhabung?"

Unterschiedliche Formulierungen wirken natürlicher und helfen, die Vertrauensbasis weiter auszubauen:

- „Sind Sie mit dem Service zufrieden?"
- „Ist die Handhabung des Gerätes für alle verständlich?"
- „Halten Sie die vorgegebenen Zeiten immer ein?"

Übrigens müssen Sie nicht zum „Formulierungsartisten" werden. Eine normale Unterhaltung, die vom gesunden Menschenverstand geleitet wird, ist hier meist wirkungsvoller als der Griff in die „Fragetechnik-Trickkiste". Wichtig ist nur, dass Sie wissen, *wohin* Sie mit Ihren Fragen wollen und dort auch ankommen.

> ✘ **Bitte überlegen Sie sich ein Kundenproblem aus Ihrer täglichen Verkaufspraxis, und suchen Sie fünf verschiedene Formulierungen für eine Problemfrage:**
>
> Ihr mögliches Kundenproblem:
>
> ....
>
> ....
>
> Verschiedene Formulierungen für eine darstellende Problemfrage:
>
> 1. ....
>
>   ....
>
> 2. ....
>
>   ....
>
> 3. ....
>
>   ....
>
> 4. ....
>
>   ....
>
> 5. ....
>
>   ....

Natürlich können Sie diese direkten Fragen auch umgehen, indem Sie Kundenprobleme *indirekt* erforschen:

Verbesserungen „Wodurch könnte der jetzige Ablauf verbessert werden?"

Änderungen	„Welche Veränderungen würden Sie gerne durchführen?"
Angenommen	„Angenommen, Sie könnten sich heute erneut entscheiden. Wie würde diese Entscheidung dann aussehen?"
Was wäre, wenn	„Was passiert, wenn dieses Gerät ausfällt?"

3. Auswirkungsfragen

Diese Fragen sollen den vermuteten Bedarf zu einem konkreten Bedarf für Ihr Produkt oder Ihre Dienstleistung weiterführen und ausdehnen. Erinnern Sie sich noch einmal daran, dass es keinen Bedarf gibt, solange Ihr Kunde ihn nicht sieht. Denken Sie auch hier daran, gleitende Übergänge zu finden. Je besser Ihnen des gelingt, desto größer wird Ihr Verkaufserfolg sein:

- durchdachte Problemfragen stellen, deren Auswirkungen zu einem Bedarf an Ihrem Produkt führen,
- durch überleitende Sätze eine Verbindung zwischen den Antworten und Ihren folgenden Auswirkungsfragen herstellen,
- um die Auswirkungen zu verdeutlichen, werden viele und verschieden formulierte Auswirkungsfragen gestellt.

Grundsätzlich sollen durch Problemfragen Unzufriedenheiten ermittelt werden, aus denen Sie einen Bedarf für Ihr Produkt entwickeln können. Es ergibt jedoch nur einen Sinn, die Probleme aufzudecken, aus deren negativen Konsequenzen später auch ein Bedarf für Ihr Produkt abgeleitet werden kann. Deshalb sollten Sie sich darauf beschränken, Problemfragen in den Bereichen zu stellen, für deren negative Auswirkungen Sie auch Lösungen anbieten können.

Eine bewährte Möglichkeit, einen gleitenden Übergang zwischen Problem- und Auswirkungsfragen herzustellen, ist:

⇨ als Vorbereitung für Ihren Besuch einige mögliche Problemfelder zusammenzutragen, für die Sie eine Lösung anbieten können, und

⇨ für diese Problembereiche die einzelnen Auswirkungen, die die Tragweite des Problems (und gleichzeitig den Wunsch nach einer Lösung) ausbauen können, zu sammeln.

Beispiel:

1. Mögliches Problem (das Ihr Produkt lösen kann):

   Hohe Fehlerquote, wenn die Rechnungen manuell erstellt werden.

2. Mögliche Auswirkungen, die die Tragweite des Problems verdeutlichen könnten:

   - Fehlerhafte Rechnungen verärgern den Kunden.
   - Zahlungseingang verzögert sich.
   - Erneutes Schreiben kostet Zeit und Geld.
   - Überprüfung der Rechnungen kostet Zeit.
   - Generelle Bedenken gegenüber der Arbeitsweise Ihres Kunden beziehungsweise der Produktqualität schleichen sich bei dessen Kunden ein.

- Imageverlust.
- Kundenabwanderung.

Verbindende Sätze

Auch hier besteht die Möglichkeit, Ihre Fragen natürlich wirken zu lassen, indem Sie die Antworten des Kunden aufgreifen.

Benutzen Sie verbindende Sätze wie:

- „Sie schilderten gerade die Probleme mit der Abfüllanlage. Hat das auch Folgen für andere Bereiche?"
- „Ihrer Darstellung nach ist das Gerät besonders störanfällig. Kann es sein, dass Sie deshalb mehr Zeit für ... brauchen, als Ihnen lieb ist?"
- „Sie erzählten, dass Sie mit der Arbeitsleistung des Gerätes x unzufrieden sind, tauchen deshalb auch Probleme mit dem Produkt y auf?"

Unterschiedliche Formulierungen

Um eine negative Konsequenz aufzudecken, müssen Sie häufig mehrere Fragen stellen. Auch hier ist es wichtig, das Gespräch möglichst zwanglos zu führen. *Vermeiden* Sie also Wiederholungen, wie zum **Beispiel:**

- „Welche Konsequenzen ergeben sich aus dem Problem mit dem Gerät xy?"
- „Welche Konsequenzen ergeben sich aus Ihrem Problem mit dem Ablauf von ...?"
- „Welche Konsequenzen ergeben sich aus Ihrem Problem mit der Erstellung von ...?"

Benutzen Sie verschiedene Formulierungen für Ihre Fragen:

- „Sind durch die häufigen Abstürze des Systems auch andere Abteilungen in ihrem Arbeitsablauf betroffen?"
- „Ist es denkbar, dass die Unzuverlässigkeit des Systems nicht nur zu Zeitverlusten führt?"
- „Es hat den Anschein, als ob die häufigen Störungen Sie nicht nur eine Menge Geld kosten?"

4. Lösungsfragen

Durch Lösungsfragen verdeutlichen Sie Ihrem Kunden den Gewinn, der aus dem Einsatz Ihres Produkts erzielt wird. Auch hier ist es völlig unerheblich, ob *Sie* meinen, dass das Produkt dem Kunden einen Gewinn beziehungsweise einen Nutzen bringt. *Sieht der Kunde den Gewinn nicht, gibt es auch keinen Verkauf.* Häufig kommt es nicht zum Vertragsabschluss, weil der Verkäufer davon ausgeht, dass sein Kunde schon ein genaues Bild vom Gewinn hat. Das ist eine sehr riskante Mutmaßung. Erst durch Lösungsfragen entfaltet sich der Wunsch nach einer Lösung. Bitte beschränken Sie auch hier Ihre Lösungsfragen auf Bereiche, in denen Ihre Lösung einen Gewinn bringen kann.

Manche Fragearten sind besonders wirksam, wenn dem Kunden der Gewinn verdeutlicht werden soll. Überlegen Sie bitte, welche der beiden Fragen den Kunden eher dazu veranlassen wird, über einen Gewinn nachzudenken.

1. „Herr Rabe, angenommen, ich könnte Ihnen helfen, die Kosten für diesen Arbeitsablauf zu senken, wäre das ein Gewinn für Sie?"

2. „Herr Rabe, angenommen ich könnte Ihnen helfen, die Kosten für diesen Arbeitsablauf zu senken. Welche neuen Projekte würden Sie angehen, die Sie bisher aus Kostengründen nicht realisieren konnten?"

Sicherlich sind auch Sie der Meinung, dass die zweite Frage besser geeignet ist, den Kunden zum Nachdenken anzuregen. Warum? In der ersten Frage kann der Kunde den Gewinn hinnehmen, ohne wirklich darüber nachzudenken. Bei dem zweiten Beispiel hingegen muss der Kunde seinen Gewinn selbst beschreiben. Er denkt also über Einzelheiten der Lösung und ihren Gebrauch nach. Hierdurch wird Ihr Kunde häufig noch auf andere Bereiche, in denen Gewinn erzielt werden kann, aufmerksam gemacht. Überdies geben Sie dem Kunden das Gefühl, die Lösung selbst gefunden zu haben.

☞ **Wenn Sie Ihren Kunden dabei unterstützen können, den Gewinn selbst zu entdecken, haben Sie das stärkste Instrument gefunden, um den Kunden zu überzeugen.**

Bitte überlegen Sie anhand folgender **Beispiele,** welche der Fragen den Kunden eher anregt, *aktiv* über den Gewinn nachzudenken:

1. „Sind Sie an Zeiteinsparungen interessiert?"
2. „Wofür könnten Sie die eingesparten Kosten dann verwenden?"
3. „Welche anderen Abteilungen werden noch aus dieser Änderung einen Vorteil ziehen?"
4. „Ist die erhöhte Geschwindigkeit von Bedeutung für Sie?"
5. „Angenommen, ich könnte Ihnen eine Möglichkeit aufzeigen, die Arbeitszeiten zu verkürzen. Wäre das interessant für Sie?"
6. „Aus welchem Grund wäre das eine Hilfe bei Ihren Lieferproblemen?"

Eine gute Methode, durch die Sie sich vergewissern können, dass Sie auch die richtigen Kundenprobleme erforschen, ehe Sie nach dem Gewinn fragen, ist folgende:

⇨ Notieren Sie sich den potenziellen Gewinn, den Ihr Kunde durch Ihr Produkt erzielen kann.

⇨ Listen Sie die Probleme auf, die Sie ausbauen müssen, bevor der Kunde den Gewinn wirklich erkennt.

Beispiel: Immobiliengesellschaft. Sie verkaufen Farbkopierer.

1. Bereich mit potenziellem Gewinn für Ihren Kunden:

   Durch farbig und persönlich gestaltete Exposés werden das Käuferinteresse und damit auch die Abschlüsse gesteigert.

2. Probleme, die Ihr Produkt lösen kann, die zunächst jedoch untersucht werden müssen, bevor der Gewinn erkannt wird:

   - Standardexposés gehen nicht auf die Vorstellungen der Käufer ein (bestimmte Perspektiven können nicht herausgestellt werden).

   - Schwarzweißexposés begeistern den Kunden nicht übermäßig.

   - Schwarzweißexposés wirken unprofessionell.

   - Schwarzweißexposés werten das entsprechende Objekt eher ab.

Verbindende Sätze

Eine weitere Möglichkeit, Ihre Fragen nach dem Gewinn ungezwungen klingen zu lassen, besteht darin, sie auf die Antwort des Kunden zu beziehen:

- „Sie schilderten die Probleme durch den Zeitverlust. Welche Vorteile sehen Sie in einer Zeitersparnis?"
- „Ich habe den Eindruck, dass Sie sich sehr mit Kostensenkung beschäftigen. Wo sehen Sie Einsparungen, wenn wir die Produktionszeit um zehn Prozent senken können?"
- „Welcher Gewinn ergäbe sich aus der Verbesserung der Qualität, die Sie gerade als korrekturbedürftig bezeichneten?"

Unterschiedliche Formulierungen

Um Ihren Kunden durch eintönige Formulierungen nicht zu langweilen, *vermeiden* Sie Wiederholungen:

- „Was ergibt sich aus der Zeitersparnis für Sie?"
- „Was ergibt sich aus der Qualitätsverbesserung für Sie?"
- „Was ergibt sich aus der Umsatzsteigerung für Sie?"

Durch unterschiedliche Formulierungen halten Sie die Aufmerksamkeit Ihres Kunden aufrecht:

- „Welche Folgen hätte das auf Ihr Jahresergebnis?"
- „Welche Vorteile sehen Sie in Bezug auf andere Abteilungen?"
- „Wofür könnten Sie das eingesparte Geld noch nutzen?"

➤ Überlegen Sie sich verschiedene Formulierungen, die Ihren Kunden anregen, aktiv über seinen Gewinn nachzudenken.

Wen Sie was fragen sollten

Jeder Ihrer Gesprächspartner verfolgt andere Interessen und Ziele, wenn es um den Einsatz eines Produkts oder einer Dienstleistung geht. Die Motive, die letztendlich zum Kauf führen, sind vielschichtig. Sie gehen von Wirtschaftlichkeit über interne Ränkespiele bis hin zur Handlebarkeit des Produkts.

Zwei Hauptgruppen, die Sie in jedem Unternehmen finden werden, sind Anwender und Entscheider. Derjenige, der Ihr Produkt anwendet, trifft nicht automatisch auch die Kaufentscheidung. Benutzer haben oftmals andere Interessen und verfügen über spezielle Kenntnisse. Sie denken eher praxisbezogen, sind also an einem reibungslosen Arbeitsablauf interessiert. Entscheider hingegen beschäftigen sich im Allgemeinen mehr mit Fragen zu Kosten und Rentabilität. Natürlich gibt es in dieser Gruppe auch praxisorientierte Entscheidungsträger. In Ihren Verkaufsgesprächen haben Sie sicherlich schon festgestellt, dass bei den verschiedenen Verhandlungspartnern auf gleicher Ebene oder in gleicher Position der eine mehr am Preis interessiert war, während der andere mehr auf technische Details Wert legte. Das liegt daran, dass jeder Mensch unterschiedliche Interessen hat, auf die Sie sich einstellen müssen. Der Erfolg Ihrer Verhandlungen hängt auch davon ab, inwieweit es Ihnen gelingt, sich mit Ihrem Gesprächspartner über Dinge zu unterhalten, die ihn interessieren *und* seine berufliche Aufgabenstellung betreffen. So ist eine positive Kaufentscheidung nicht ausschließlich von der Position Ihres Gesprächspartners abhängig, sondern beispielsweise auch davon, ob er sich für die Technik einer Problemlösung begeistern kann. Lassen Sie uns deshalb einen Blick auf die Käufertypen werfen, denen Sie am häufigsten begegnen werden. Es geht dabei jedoch nicht um neueste psychologische Erkenntnisse, sondern um Überlegungen, die Ihren Verkauf praktisch unterstützen sollen. Sie werden unter Ihren Gesprächspartnern drei verschiedene Typen erkennen:

- den kaufmännisch denkenden Kunden,
- den praktisch denkenden Kunden,
- den Anwender / Benutzer (der übrigens auch Ihr Kunde ist).

In welche dieser Kategorien Ihr Verhandlungspartner passt, werden Sie erst im Laufe des Gesprächs feststellen können. Deshalb stellen Sie vor dem Gespräch folgende Überlegungen an:

⇨ Was sind die Bedürfnisse und Wünsche Ihres Gesprächspartners?

⇨ Wie ist er in den Entscheidungsprozess eingebettet?

⇨ In welchen Abteilungen finden Sie ihn?

1. Der kaufmännisch denkende Kunde

Er ist vor allem an einer wirtschaftlichen Lösung, also an Einsparungen und dem daraus resultierenden Gewinn, interessiert. Überdies spielt er bei Entscheidungen meist die ausschlaggebende Rolle. Ihm müssen Sie folgende Fragen beantworten können:

⇨ Ist Ihre Lösung wirtschaftlich leistungsfähig?

⇨ Kann sie wechselnden Anforderungen des Unternehmens angepasst werden?

⇨ Beeinflusst sie das Firmenimage?

⇨ Welchen Einfluss nimmt sie auf die Zahlungsbilanz?

⇨ Ist die kaufmännische Zusammenarbeit gut?

Auch wenn dieser Kunde eine ausschlaggebende Rolle spielt und Ihren Vertrag unterzeichnet, so ist er andererseits oft hilflos, weil er auf die Meinung anderer angewiesen ist. Deshalb müssen Sie in Erfahrung bringen, wer ihn beeinflusst und wer sein größtes Ansehen genießt. Bei den Gesprächen mit diesen Personen müssen Sie ihnen dann auch Kaufmotive an die Hand geben, die den kaufmännisch denkenden Kunden überzeugen.

Auf Grund der Verantwortung finden Sie den kaufmännisch denkenden Kunden meist in der Position vom Abteilungsleiter aufwärts bis hin zum Geschäftsführer. Manchmal übernimmt diese Rolle der Einkauf, in anderen Fällen treffen andere Abteilungen die Entscheidung. Das ist von Unternehmen zu Unternehmen und von Branche zu Branche unterschiedlich. Es gehört jedoch zu Ihrem Beruf, das herauszufinden.

2. Der praktisch denkende Kunde

Sicherlich sind für ihn die Kosten auch wichtig. Sein Augenmerk liegt aber niemals auf der „billigsten Lösung". Für ihn sind andere Dinge von größerer Bedeutung. Ihm müssen Sie meist folgende Fragen beantworten:

- ➪ Löst Ihr Produkt das Problem auch verlässlich, oder gibt es noch bessere Möglichkeiten?
- ➪ Welche negativen oder positiven Auswirkungen hat der Einsatz auf andere Abteilungen?
- ➪ Haben Sie einen zuverlässigen Service?
- ➪ Ist Ihre Problemlösung auf veränderten Bedarf anpassbar, kann sie erweitert werden?
- ➪ Kann das Produkt von den Mitarbeitern bedient werden?

Seine Rolle bei der Entscheidungsfindung ist unterschiedlich. Oftmals ist er der Fachmann, der sich auch am meisten mit der Thematik auseinandersetzt. Bei manchen Unternehmen ist er auf Grund seiner Kompetenz der für Sie wichtigste Gesprächspartner, in anderen Firmen wiederum kann er lediglich Empfehlungen geben. Häufig finden Sie ihn in der Organisationsabteilung eines Unternehmens.

3. Der Anwender / Benutzer

Hiermit sind Personen gemeint, in deren Abteilungen ein Problem entsteht und die häufig den Anstoß geben, über eine Änderung nachzudenken. Es kann sich hierbei um Bedienkräfte, Sachbearbeiter, Sekretärinnen oder andere Mitarbeiter dieser Ebene handeln. Die Wünsche und Bedürfnisse dieser Personen sind meist sehr problembezogen. Trotzdem kann man auch hier generelle Forderungen erkennen.

Bereiten Sie sich auf Fragen vor, die eine Mischung aus kaufmännisch und praktisch denkendem Kunden darstellen, wobei der praktische Teil überwiegen wird und Fragen zu Kosten eher oberflächlich oder gar nicht gestellt werden. Oftmals sehen diese Mitarbeiter ihren Bereich als Unternehmen im Unternehmen und versuchen, nach diesen Gesichtspunkten zu entscheiden. Da diese Mitarbeiter sehr auf fachliche und menschliche Anerkennung bedacht sind, erhalten Sie in ihnen Fürsprecher, wenn Sie positive Auswirkungen auch auf andere Abteilungen aufdecken können.

Bereiten Sie sich auf Fragen vor, die mit direkten Auswirkungen Ihrer Problemlösung zu tun haben:

- ⇨ Welche positiven oder negativen Auswirkungen ergeben sich auf die tägliche Arbeit?
- ⇨ Ist hierdurch mein Arbeitsplatz gefährdet?
- ⇨ Kann ich hierdurch bessere Arbeit leisten, die mein Ansehen hebt?
- ⇨ Ist die Handhabung bequem?
- ⇨ Ist es sicher, dass Ausfallzeiten im Normbereich liegen?
- ⇨ Wie schnell reagiert Ihr Kundendienst?

In vielen Fällen ist eine stichhaltige Begründung des Anwenders zur Anschaffung Ihres Produkts eine wichtige Unterstützung für Ihren Vertrag. Auch wenn dieser Personenkreis keine Unterschrift leistet, so geht der wirklich erfolgreiche Verkäufer in seinen Ausarbeitungen und Vorschlägen auf die Wünsche des Benutzers ein.

Der Benutzer kann eine solche Ausarbeitung ohne große Umgestaltung als seinen Vorschlag an die Entscheidungsstelle weitergeben. Oftmals verkürzt sich der Entscheidungsprozess hierdurch erheblich. Machen Sie also nicht den Fehler, diese Kundengruppe zu unterschätzen. Äußerungen wie „Da ich damit arbeiten muss, wird ohne meine Zustimmung kein anderes Gerät eingesetzt" bis hin zu „Auf mich hört sowieso niemand" spiegeln die ganze Bandbreite der Möglichkeiten wider.

Stellen Sie bitte sicher, dass Sie sich diesen Mitarbeitern gegenüber genauso korrekt verhalten wie dem Unterschriftsberechtigten selbst. Eine positive Entscheidung für Ihre Problemlösung kann durch eine negative Einstellung dieser Mitarbeiter in Frage gestellt werden.

Selbstverständlich kann es durchaus möglich sein, dass der Anwender gleichzeitig auch Entscheider ist. Dann ist er an der kaufmännischen *und* an der praktischen Seite interessiert. Es gibt aber auch Bereiche, die sich bei allen Käufertypen überschneiden. Beispielsweise sind die Zuverlässigkeit und die Güte eines Produkts sowohl für den Anwender als auch für den kaufmännisch denkenden und den praktisch denkenden Kunden interessant:

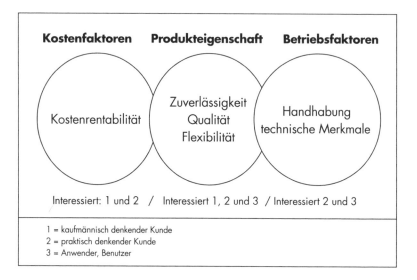

Die richtigen Fragen für den richtigen Kundentyp

1. Orientierungsfragen

Wenn Sie Orientierungsfragen den jeweiligen Interessengebieten und der Aufgabenstellung Ihrer Gesprächspartner anpassen, sparen Sie Zeit und langweilen Ihr Gegenüber nicht mit Fragen, die für sie uninteressant sind.

> ✗ **Überlegen Sie bitte, welche dargestellten Probleme für die verschiedenen Kundentypen interessant sein könnten:**
>
> 1. „Die Leasingrate für dieses Gerät beträgt 200 Euro monatlich. Ist das korrekt?"
> 2. „Sind die Maschinen zentral eingesetzt? Gibt es Wartezeiten?"
> 3. „Können Sie, während das Gerät läuft, gleichzeitig auch andere Dinge tun?"
> 4. „Wie lange läuft der Vertrag noch?"
> 5. „Können Sie in Ihrem Gerät bestimmte Arbeitsabläufe speichern?"
> 6. „Können nur Sie das Gerät bedienen?"

2. Problemfragen

Anwender

Um eine gute Beziehung zum Anwender herzustellen, sollten Sie Probleme mit dem Arbeitsablauf und technische Unzufriedenheiten mit dem eingesetzten Produkt untersuchen. Dadurch können Sie eine positive Stimmung für sich und Ihr Produkt aufbauen. Beachten Sie jedoch, dass die Entscheidung letztendlich woanders gefällt wird. Lenken Sie die Aufmerksamkeit Ihres Gesprächspartners deshalb auch auf Bereiche, die den Entscheider beeinflussen können – also auf Bereiche wie Zuverlässigkeit, Qualität und Flexibilität.

Entscheider

Kaufmännisch orientierte Kunden sind sehr an Ersparnissen interessiert. Technische Neuheiten oder Finessen beeindrucken sie wenig. Bei ihnen wäre es Zeitverschwendung, in diesen Bereichen nachzuhaken. Es sei denn, eine technische Neuerung hat einen positiven Einfluss auf die Kosten. Beachten Sie jedoch bitte, dass diesen Entscheider hierbei nicht interessiert, *wie* die Neuerung das Ergebnis erzielt, sondern *was* (in Euro ausgedrückt) das Ergebnis ist. Sie können eine gute Beziehung zum kaufmännisch denkenden Kunden aufbauen, indem Sie Probleme zu Kosten und Rentabilität untersuchen. Sollte Ihr Produkt keine Kostenvorteile bieten, untersuchen Sie Probleme in Bereichen wie Zuverlässigkeit, Qualität und Flexibilität.

Der praktisch denkende Entscheider wird sich für Kosten *und* Technik interessieren. Bei ihm spielt bei dem Ergebnis einer Produktneuerung das Wie und das Was gleichermaßen eine Rolle. Sollte Ihr Produkt keine Kostenvorteile bieten, können Sie ihn mit technischen Finessen beeindrucken und mit Zuverlässigkeit, Qualität und Flexibilität überzeugen.

3. Auswirkungsfragen

Anwender

Da Sie nicht nur den Anwender, sondern auch den Entscheider überzeugen müssen, sollten Ihre Auswirkungsfragen auch in Bereiche lenken, die beide interessieren. Also Gebiete wie Qualität, Zuverlässigkeit oder Zeitersparnis:

> **Beispiel:**
>
> Anwender: „Wir müssen die Maschine während jedes Laufs permanent kontrollieren."
> (Problem des Anwenders mit dem Arbeitsablauf)
>
> Verkäufer: „Können Sie in dieser Zeit keine anderen Arbeiten durchführen?"
> (Auswirkungsfrage zu einem Gebiet, das beide interessiert: Zeit / Kosten.)
>
> Anwender: „Nein. Das erfordert die volle Konzentration."

Verkäufer:	„Verlieren Sie viel Zeit für andere Arbeiten, wenn Sie die Maschine kontrollieren?"
Anwender:	„Wenn Sie bedenken, dass ein Arbeitslauf der Maschine eine halbe bis eine Stunde dauert und wir auf diesem Gerät vier bis sechs Aufträge fahren, können Sie das einmal zusammenrechnen. Und wenn deshalb Arbeit liegen bleibt, wer ist schuld? Wir!"

(Kostbare Information, die bei dem Gespräch mit dem Entscheider eingebracht werden kann: Zeit / Geld. Weiterer Hinweis für Verkäufer, beim Anwender das Problem „liegen gebliebene Arbeit" mit weiteren Konsequenzfragen auszubauen.)

Entscheider

Entscheider:	„Die Mitarbeiter sind mit der Maschine äußerst zufrieden. Na ja, viele klagen zwar über die umständliche Bedienung."
	(Entscheider zeigt keinerlei Interesse an der Unzufriedenheit der Anwender.)
Verkäufer:	„Was könnte die umständliche Bedienung denn für die Ausfallzeiten des Gerätes durch Bedienfehler bedeuten?"
Oder Verkäufer:	„Sind in Ihrem Wartungsvertrag für das Gerät auch Reparaturkosten abgedeckt, die durch Bedienfehler entstehen, auch wenn sie auf die umständliche Bedienung zurückzuführen sind?"
Oder Verkäufer:	„Auf dem Weg zu Ihrem Büro sah ich, dass sich mehrere Ihrer Mitarbeiter mit dem Gerät beschäftigten. Welche Folgen hat die umständliche Bedienung denn auf längere Wartezeiten am Gerät?"

Oder Verkäufer:	„Gibt es jemanden in Ihrem Haus, der sich 100-prozentig mit dem Gerät auskennt, falls die Mitarbeiter mit der Bedienung Schwierigkeiten haben?"
Kunde:	„Ja. Der Hausmeister."
Verkäufer:	„Was passiert, wenn der in Urlaub ist und Probleme auftreten?" (Auswirkungsfragen leiten zu Bereichen über, die den Entscheider interessieren: Reparaturkosten, Zeitverlust durch Wartezeiten, liegen gebliebene Arbeit etc.)

4. Lösungsfragen

Anwender

Gebiete, in denen ein Gewinn den Anwender am meisten interessiert, können folgende sein:

- einfachere Handhabung,
- weniger oder keine Bedienfehler,
- Anerkennung durch schnellere Arbeitserledigung,
- persönliche Reputation.

Entscheider

Für den kaufmännisch denkenden Entscheider steht der Gewinn in Bezug auf messbare Kosten im Vordergrund. Die Problemlösung an sich wird ihn kaum interessieren. Deshalb sollten Ihre Lösungsfragen auf folgende Bereiche abzielen:

- Ertragssteigerung (höhere Arbeitseffektivität),
- Zeit-/Geld-Einsparungen,

– Kostensenkung (zum Beispiel durch niedrigere Unterhaltskosten).

Für den praktisch denkenden Entscheider kann auch eine technische Neuerung an sich schon ein Gewinn sein. Da sich diese Kunden mehr mit der Gesamtheit, also auch der Technik, dem Design oder der Idee, die hinter einer Problemlösung steckt, beschäftigen, sehen sie ein Produkt oder eine Dienstleistung als Ganzes. So können Sie einen praktisch denkenden Kunden außer mit Kosten beispielsweise auch mit technischen Details begeistern.

Ideen zur Umsetzung

Um Ihnen die Umsetzung leichter zu machen, finden Sie auf den folgenden Seiten einige Tipps und Hilfen zur Umsetzung. Die Lücken in den vorformulierten Fragen können Sie beliebig füllen, ergänzen oder auch weglassen.

Beispiel:

Die Problemfrage „Ist es schon einmal vorgekommen, dass …?" kann so aussehen: „Ist es schon einmal vorgekommen, dass Kunden nicht bedient werden konnten?"

Wenn Sie den Satz noch um das erkannte Problem ergänzen wollen, sieht er so aus: „Ist es schon einmal vorgekommen, dass Kunden aus Zeitnot nicht bedient werden konnten?"

In einer anderen Branche oder einer anderen Situation kann der Satz aber auch so aussehen: „Ist es schon einmal vorgekommen, dass Ware nicht verkauft werden konnte?" Oder: „Ist es schon einmal vorgekommen, dass Ware bis zum Saisonende nicht verkauft werden konnte?"

Sie sehen, die Möglichkeiten sind unendlich. Am wirksamsten ist es, wenn Sie sich jede Frage einmal anschauen und sich hierzu eine Kundensituation vorstellen, in der diese Formulierung passt. Unter Kundensituation verstehen wir hier die Situation, in der der Kunde sich befindet, nicht die Situation in einem Verkaufsgespräch. Dann ergänzen Sie die Lücken so, dass Sie eine passende Frage haben.

1. Problemfragen

- Helfen, vermuteten Bedarf aufzudecken.
- Helfen dem Kunden, seine Unzufriedenheiten und Probleme zu formulieren.
- Liefern die Basisinformationen, um das Problem auszubauen.

Formulierungshilfen

⇨ „Ist es schon einmal vorgekommen, dass ...?"

⇨ „Reicht Ihre Zeit aus, um ...?"

⇨ „Was machen Sie mit den ..., die Sie nicht ...?"

⇨ „Geraten da nicht Ihre ... in ... Not?"

⇨ „Klappt die ... denn immer reibungslos?"

⇨ „Kommt es häufiger vor, dass ...?"

⇨ „Kostet das nicht viel ...?"

⇨ „Sind Sie immer ganz zufrieden mit ...?"

⇨ „Ist es schwierig für Sie, die ... zu ...?"

⇨ „Ist es nicht zeitraubend, dass ...?"

⇨ „Wie zuverlässig ist denn die ...?"

⇨ „Wie verständlich sind denn die ... für ...?"

- „Wie pünktlich kommen denn die ...?"
- „Wie häufig geraten denn die ... in ... Not?"
- „Gab es schon einmal einen Anlass zur ...?"
- „Ist das ... nicht aufwändig?"
- „Gab es schon einmal eine Situation, in der Sie ...?"
- „Ist das nicht umständlich für ...?"
- „Sind die ... nicht teuer?"
- „Wie hoch schätzen Sie die Verluste, die durch ... entstehen?"
- „Hatten Sie schon einmal den Fall, dass ...?"
- „Gab es schon einmal eine Verzögerung in ...?"
- „Wurden Sie schon einmal auf ... angesprochen?"
- „Funktioniert das ... denn immer nach Ihren Wünschen?"
- „Hatten Sie schon einmal das Gefühl, irgendetwas ... nicht recht?"
- „Das hört sich aber kompliziert an!"
- „Passiert es manchmal, dass ...?"
- „Das hört sich an, als ob Sie darüber nicht glücklich wären!?"
- „Stellt das ... für Sie nicht eine Herausforderung dar?"

2. Auswirkungsfragen

- Erweitern und vertiefen die Wahrnehmung des Problems aus Kundensicht.
- Sind sehr wirkungsvoll, um den Bedarf weiter zu entwickeln.
- Sind schwieriger vorzubereiten als Orientierungs- und Problemfragen.

Formulierungshilfen

⇨ „Verursacht das nicht ...?"
⇨ „Wie denkt denn ... darüber?"
⇨ „Wie oft sitzen Sie spät abends ...?"
⇨ „Erreichen alle ... noch ihre ...?"
⇨ „Was heißt das für ...?"
⇨ „Bedeutet das denn nicht ein hohes Risiko an ... für Sie?"
⇨ „Belastet das nicht den ...?"
⇨ „Stört Sie nicht, dass ...?"
⇨ „Befürchten Sie nicht, dass ...?"
⇨ „Welche Konsequenzen ergeben sich ...?"
⇨ „Haben Sie nicht festgestellt, dass ...?"
⇨ „Bleibt Ihnen da noch genügend Zeit für ...?"
⇨ „Verstehe ich das richtig, Sie verlieren Zeit durch die ...?"
⇨ „Wie wirkt sich das auf Ihren ... -alltag aus?"
⇨ „Führt das nicht zu ...?"
⇨ „Was tun Sie, wenn ein Kunde ...?"
⇨ „Was machen Sie mit den ..., die Sie nicht ...?"
⇨ „Schaffen Sie es denn, alle ... zu ..., wenn Sie viele ...?"
⇨ „Haben Sie ein Beispiel für ...?"
⇨ „Schaffen Sie es denn, alle ...?"
⇨ „Halten Ihre ... denn immer den ... ein?"
⇨ „Haben Sie nicht manchmal das Gefühl, dass ...?"
⇨ „Was meinen denn Ihre Mitarbeiter zu ...?"

- ⇨ „Wechselt da nicht häufig das ...?"
- ⇨ „Welche Folgen sehen Sie für den ...?"
- ⇨ „Wie viel Zeit bleib Ihnen dann noch für ...?"
- ⇨ „Berührt Sie ...?"
- ⇨ „Sorgen Sie sich nicht um ...?"
- ⇨ „Bindet das nicht enorme ...?"
- ⇨ „Bleibt Ihnen Ihrer Ansicht nach genügend Zeit, Ihre ...?"
- ⇨ „Kostet das nicht ...?"
- ⇨ „Wie gefällt den ...?"

3. Lösungsfragen

- Helfen dem Kunden, die wirtschaftliche Bedeutung seines *konkreten Bedarfs* zu erkennen.
- Steigern den Wunsch nach einer Problemlösung.
- Werden eingesetzt, nachdem der Kunde das Problem als groß erkannt hat, aber *bevor* Sie Ihre Lösung beschreiben.
- Bereiten den Gesprächspartner auf den internen Verkauf vor.

Formulierungshilfen

- ⇨ „Was versprechen Sie sich noch von ...?"
- ⇨ „Wäre es interessant für Sie, ...?"
- ⇨ „Wie könnte Ihnen eine ... noch helfen?"
- ⇨ „Wenn es etwas gäbe, das die ... welche Vorteile hätte das für ...?"
- ⇨ „Wobei würde Ihnen eine ... noch helfen?"

- „Was erwarten Sie zusätzlich von einer ...?"
- „Welche Ergebnisse würden Ihnen ...?"
- „Wo sehen Sie noch ...?"
- „Angenommen, Sie wachen eines Morgens auf, und es ist über Nacht ein Wunder geschehen. Was müsste noch passiert sein, damit ...?"
- „Wie würde ... über diese Verbesserung denken?"
- „Welche Verbesserungen sähe Ihr ...?"
- „Wie würden sich Ihre ... unterstützt fühlen?"
- „Gibt es aus Ihrer Sicht Vorteile, über die wir noch nicht gesprochen haben?"
- „Wofür könnten Sie die ... noch nutzen?"
- „Was ergibt sich noch aus der ... für Sie?"
- „Wo sehen Sie noch ...?"
- „Welcher weitere Grund könnte Sie dazu bewegen ...?"
- „Welche weiteren Ergebnisse dieser Lösung sind für Sie wichtig?"
- „Was würde sich in Bezug auf ... noch ändern?"

Es geht bei der folgenden Übung darum, ein erkanntes Kundenproblem, das dem Kunden noch nicht wirklich bewusst ist, auszubauen. Und das in einem von Ihnen selbst geschriebenen Dialog. Sie schreiben Ihr eigenes Drehbuch zum Kundengespräch.

Suchen Sie sich zunächst die passende Orientierungsfrage (es können auch mehrere sein), die auf das Problem hinführen.

Beispiel:

Der Problem-Situation „Kunden können aus Zeitnot nicht bedient werden" könnte eine Orientierungsfrage wie „Gibt es zeitlich bedingte Spitzen, an denen besonders viele Kunden in Ihrem Haus sind?" oder „An welchen Tagen werden Ihre Servicemitarbeiter von Ihren Kunden besonders beansprucht?" vorangestellt werden.

Diese Orientierungsfrage (n) tragen Sie bitte in das Blatt „Mögliches Kundenproblem" unter 1F ein (Seite 98). Dann überlegen Sie sich bitte eine Antwort, die Ihr Gesprächspartner auf Ihre Frage geben könnte. Diese Antwort kommt in das Feld 1A.

Hierauf stellen Sie entweder eine erneute Orientierungsfrage oder, wenn Sie meinen, genügend Informationen gesammelt zu haben, eine Problemfrage im entsprechenden Feld.

Ebenso verfahren Sie mit Auswirkungs- und Lösungsfragen, bis ein Dialog entsteht.

Sie werden bei dieser Übung feststellen, dass es Ihnen immer mehr gelingt, sich in den Kopf Ihres Gegenübers zu versetzen. Überdies werden Sie immer mehr mit den Problemen Ihrer Kunden und deren Auswirkungen vertraut.

Immer wieder stellt sich die grundsätzliche Frage: „Wie hoch sind denn die jeweiligen Anteile der einzelnen Fragen (OPAL) in einem Gespräch?" Auch wenn wir für alles in unserem Land eine DIN haben, hierfür nicht. Es gibt jedoch eine Faustregel, die Sie beachten können.

☞ **Je *konkreter* die Orientierungsfragen, die Sie stellen, desto weniger Fragen benötigen Sie!**

Mögliches Kundenproblem

Orientierungsfragen

1F _____
1A _____
2F _____
2A _____
3F _____
3A _____

Problemfragen

1F _____
1A _____
2F _____
2A _____
3F _____
3A _____

Auswirkungsfragen

1F _____
1A _____
2F _____
2A _____
3F _____
3A _____

Lösungsfragen

1F _____
1A _____
2F _____
2A _____
3F _____
3A _____

Dadurch umgehen Sie auch die Gefahr, dem Gesprächspartner zu viele Orientierungsfragen zu stellen, ihn zu langweilen und dem Gespräch einen Verhörcharakter zu geben.

Es besteht ein Unterschied, ob Sie jemanden fragen: „Wie geht es dir?" oder „Wie geht es dir beruflich?" Die erste Frage lädt den Gesprächspartner dazu ein, über dieses und jenes zu plaudern und vom Hölzchen aufs Stöckchen zu kommen. Wichtige Zeit im Verkaufsgespräch wird vertan, und wirkliche Probleme werden nicht greifbar. Letztere Frage grenzt das später auszubauende Problemfeld schon auf einen bestimmten Bereich ein. Das verhindert auch, dass Sie Probleme aufdecken, die Sie später nicht lösen können.

Wenn Sie die Übung mehrmals gemacht haben, werden Sie feststellen, dass Sie immer mehr Fragen streichen können und immer schneller zum Ziel kommen.

Auch wenn es keine Regel hierfür gibt, so werden die Anteile anfänglich wohl eher so aussehen:

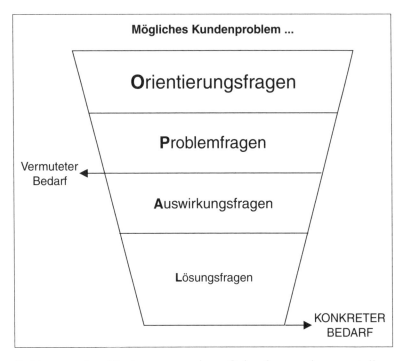

Später werden Sie immer weniger Orientierungsfragen stellen, dafür aber immer mehr Problem- und Auswirkungsfragen. Das ist eine Frage der Übung in Theorie und Praxis.

4. Die richtigen Gesprächspartner für Ihre Lösung finden

Wenn Sie lösungsorientiert auf Neukunden zugehen oder neue Bedarfsfelder bei bestehenden Kunden entwickeln wollen, sollten Sie auch zu den Abteilungen bzw. Gesprächspartnern gehen, die „ein passendes Problem" zu Ihrer Lösung haben und einen Nutzen aus Ihrem Angebot ziehen.

Leider ist es jedoch so, dass Verkäufer sich meist zu den Gesprächspartnern hingezogen fühlen, die sie kennen und mit denen sie sich gut verstehen. Das nennt man dann in der Regel „eine super Kundenbeziehung". Bei diesen Gesprächspartnern kann man immer eine Win-Win-Situation herstellen, die sarkastisch ausgedrückt so aussieht:

Verkäufer: „Herr Müller, ich möchte mich heute mit Ihnen einmal über die neuen Möglichkeiten der ... unterhalten."

Kunde: „Herr Pohlmann, damit brauchen wir unsere Zeit nicht zu vergeuden. Sie wissen doch, die momentane Lage lässt eine Investition in diesem Bereich gar nicht zu. Lassen Sie uns lieber noch einmal die Preise für ... durchgehen."

Verkäufer: „Ja, natürlich, Herr Müller. Das hatte ich mir schon gedacht, wollte es wenigstens einmal angesprochen haben."

Der Kunde hat gewonnen, weil er den Verkäufer elegant abgewimmelt hat und sich nicht mit Themen beschäftigen muss, die ihn ohnehin nicht interessieren. Der Verkäufer hat gewonnen, weil er zumindest die Vorgabe der Vertriebs- oder Geschäftsleitung erfüllt hat, die Lösung überhaupt einmal anzusprechen.

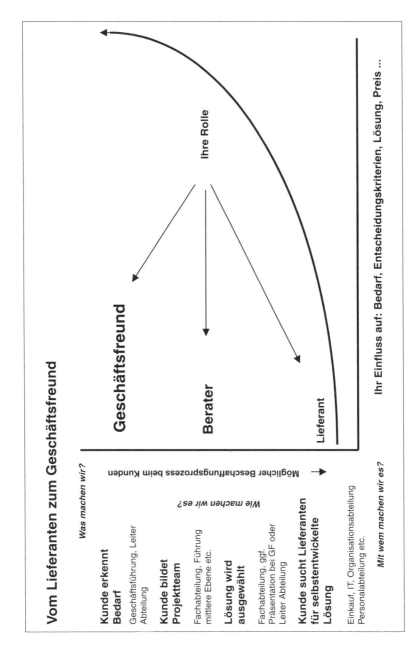

Das „Totschlagargument" Investitions- oder Wirtschaftslage klappt selbstredend immer. Unverständlich nur, dass Verkäufer ständig dorthin gehen, wo kleiner werdende Budgets verwaltet werden, und dort versuchen, ihre immer größer werdenden Umsatzziele zu erfüllen.

☞ **Der erfolgreiche Verkäufer geht zu denjenigen, die Budgets machen.**

Denn selbst wenn sich diese Budgets bei besserer Geschäftslage wieder anpassen, bliebe der Verkauf reaktiv. Im Übrigen werden diese Lieblingsabteilungen zunehmend outgesourced. In manchen Branchen schließen sich Unternehmen zusammen und gründen Einkaufsgesellschaften, um bessere Preise zu erzielen. Dort Lösungen zu platzieren, die neue Geschäftsfelder eröffnen können, wird dann ganz unmöglich.

Aus der Abbildung „Vom Lieferanten zum Geschäftsfreund" können Sie ersehen, in welcher Rolle Sie sich bei Ihren Verkaufsgesprächen aus Kundensicht befinden. Sie selbst entscheiden, in welcher Rolle Sie sich wohl fühlen.

Um aus Kundensicht als Geschäftsfreund oder Lösungsverkäufer (Problemlöser) wahrgenommen zu werden, ist es wichtig, aktiv auf diejenigen zuzugehen, die die meisten Auswirkungen des Problems spüren.

Die Abbildung Nutzen-Targeting auf der folgenden Seite hilft Ihnen, die jeweilige Abteilung herauszufinden.

1. Definieren Sie ein Problem, das Sie beim Kunden erkannt haben. Er setzt beispielsweise Ihre Lösung noch nicht ein oder die bestehende Lösung hat Mängel.
2. Welche Auswirkungen haben das Fehlen oder die Mängel der Lösung?
    - Welche Dinge kann er ohne Ihre Lösung nicht tun? (Geschäftsprozesse etc.)

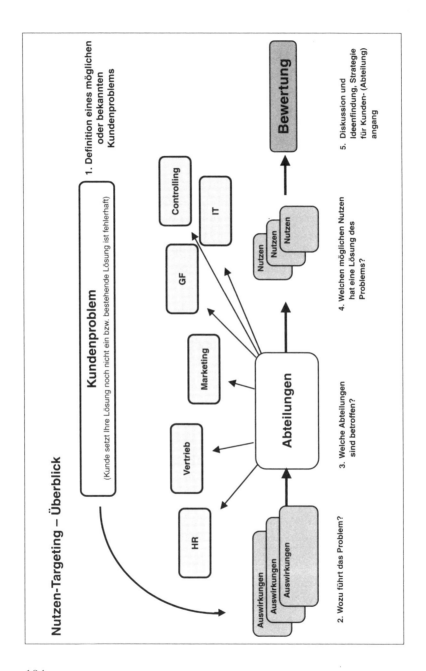

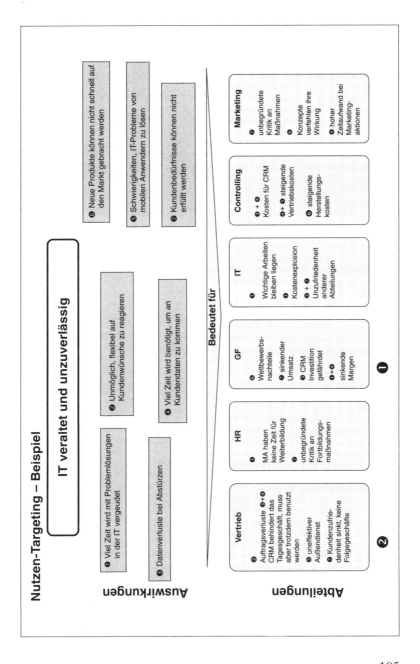

- Welche Dinge klappen aufgrund der mangelhaften Lösung nicht?
- Worauf muss der Kunde verzichten?
- ...
- ...

3. Was bedeutet das genau für die jeweiligen Abteilungen? (Wählen Sie zwei Abteilungen aus, die aus Ihrer Sicht am meisten betroffen sind.)
4. Welchen Nutzen hätten die Abteilungen, wenn sie Ihre Lösung oder eine funktionierende Lösung hätten?
5. Diskutieren Sie Ihre Ideen, überlegen Sie, wer der geeignete Gesprächspartner ist, und legen Sie fest, wie Sie ihn ansprechen wollen.

Bedenken Sie bitte, dass der Unterschied zwischen einem Neukunden und einem bestehenden Kunden nicht groß ist. Eine neue oder weitere Abteilung bei einem Kunden muss genauso überzeugt werden wie ein Neukunde. Eine zufriedene Kundenverbindung kann Sie zwar unterstützen, nimmt Ihnen aber nicht die Arbeit ab.

Die Nutzenargumentation in der Akquisitionsphase

Es gibt zwei Arten der Nutzenargumentation:

1. Argumentationen, die dem Kunden zeigen, wie ein Produkt oder eine Lösung ihm helfen *könnte* (siehe Seite 18f.).
2. Argumentationen, die dem Kunden zeigen, wie ein Produkt oder eine Lösung seinen *konkreten Bedarf* deckt.

Die erste Art wird oftmals im gesamten Kundengewinnungsprozess angewendet. Der Nachteil hierbei ist, dass sie dem Kunden Vorteile aufzeigt, deren Wirkung nachlässt, je weiter der Verkauf fortgeschritten ist. Wenn Sie gemeinsam mit Ihrem Kunden seinen konkreten Bedarf entwickelt haben, kommen Sie mit Vorteilen nicht mehr weiter. Diese Gespräche enden dann meist mit einem Fortgang.

In der frühen Phase des Verkaufsprozesses, beispielsweise bei der Akquisition, ist diese Argumentation sehr erfolgreich. Hier muss zunächst das Interesse des Kunden geweckt werden, und das Resultat sollte die Aufforderung des Kunden sein: „Erzählen Sie mir mehr." Diesem Wunsch des Kunden kommen Sie dann selbstverständlich gerne in einem persönlichen Gespräch nach. Allerdings müssen Sie zunächst einen Wert aufbauen, den Ihr Kunde für angemessen hält, um Ihnen seine Zeit zu opfern. Das ist insofern nicht leicht, da Sie seinen konkreten Bedarf noch nicht kennen und ihm zunächst einmal einen Gewinn oder eine Problemlösung in Aussicht stellen, die auf einem vermuteten Bedarf beruht. Auch hier ist es zunächst wichtig, nicht „mit der Tür ins Haus zu fallen" und dem Kunden etwas von Produkten und Lösungen zu erzählen. Die meisten Akquisitionsstrategien beruhen aber leider darauf, nach der Vorstellung des Beraters oder Verkäufers mit einer weiteren Vorstellung, nämlich der des Produkts oder der Lösung, fortzufahren.

Beispiele:

„Guten Tag, Herr Schmitz, mein Name ist Hans Herrlich von der AllConnect AG. Ich würde mich gerne mit Ihnen über die Anwendungsmöglichkeiten unserer neuen Generation von Netzwerklösungen unterhalten."

Oder

„Guten Tag, mein Name ist Alfons Kabel von der AllInOne Lösungs GmbH. Herr Müller, wir haben ein neues Buchhaltungssystem entwickelt, das Ihnen viel Arbeit abnimmt. Sie werden sich zukünftig nicht mehr selbst um Belege etc. kümmern müssen. Auf Wunsch holen wir Ihre komplette Quartalsabrechnung ab, ordnen sie und reichen sie an Ihren Steuerberater weiter."

Oder

„Guten Tag, Herr Linde. Mein Name ist Peter Schlau von der AllKnow Weiterbildungs AG. Ich würde gerne mit Ihnen einen Termin vereinbaren, um Ihnen unsere Konzepte zur Mitarbeiterförderung vorzustellen."

So oder so ähnlich wird jeden Tag akquiriert. Im ersten Beispiel wird sich der Kunde vielleicht denken: „Netzwerklösungen haben wir doch, und so weit ich weiß, läuft das alles." Im zweiten Beispiel kann sein Gedanke sein: „Das macht doch alles mein Steuerbrater." Und im dritten Beispiel vielleicht: „Konzepte vorstellen? Das kann ja lange dauern. So viel Zeit habe ich nicht."

Was ist also zu tun, um das Interesse der Kunden zu wecken? Zunächst einmal ist es wichtig für Sie, sich wirklich klar darüber zu werden, wie Ihre Produkte oder Lösungen Ihren Kunden helfen. Nur so können Sie nutzenorientiert mit ihnen sprechen. Es ist nämlich ein Unterschied, ob Sie, nach Ihrem Beruf gefragt, sagen: „Ich bin Lokomotivführer" oder „Ich helfe Menschen, schnell und sicher zur Arbeit und in den Urlaub zu kommen." Diese, nennen wir sie Lokomotivführersprache, hat schon für manche Innovationen das Aus bedeutet, weil niemand verstanden hat, welche Vorteile sie bringen. Und eine Neuerung ist nur eine Innovation, wenn die Menschen, für die sie gemacht ist, damit etwas anfangen können. Eine Innovation, die niemand haben will, ist keine.

Wenn Sie künftig nutzenorientiert denken und sprechen, werden Sie wesentlich mehr Aufmerksamkeit Ihrer Kunden erhalten.

Aufgabenstellung bei der Neukundengewinnung

Vorbereitung

I. Stellen Sie sich hierzu folgende Fragen (*Orientierung*):
- Welche Informationen benötige ich über den Neukunden?
- Verstehe ich die Kunden-Organisation?
- Welche Referenzen und Nutzenargumente kann ich heranziehen?

II. Eruieren Sie Bereiche (*Probleme*):
- Wie kann ich dem Kunden helfen, seine Probleme zu bewältigen?
- Wo kann ich ihn unterstützen, seine Stärken auszubauen?

III. Bestimmen Sie eine Strategie:
- Für jeden Bereich im Kundenunternehmen, für den Sie einen Mehrwert generieren oder Probleme lösen können, brauchen Sie:
    - den richtigen Gesprächspartner,
    - das Verständnis für die geschäftlichen Ziele und Herausforderungen,
    - eine von Ihnen entwickelte Nutzenargumentation zum Einstieg.

Beim ersten Kontakt muss Ihre Argumentation kurz sein, und der mögliche Nutzen Ihrer Lösung muss für Ihren Kunden klar und ersichtlich werden.

Beispiel:

Verkäufer: „Guten Tag, Herr Schäfer. Mein Name ist Christian Sickel von der Infoteam Verkaufsprozess Beratung AG. Herr Schäfer, die Infoteam AG unterstützt Verkaufsprofis dabei, ihre *wichtigsten Verkaufsprojekte zu gewinnen und ihre Position bei Schlüsselkunden auszubauen* (= möglicher Gewinn). Ich würde gerne einen Termin mit Ihnen vereinbaren (sagen Sie immer, was Sie wollen), bei dem wir gemeinsam feststellen können, ob wir Sie hierbei genauso erfolgreich unterstützen können, wie wir es schon bei anderen Unternehmen aus der *XYZ Branche* (Branche des Kunden) getan haben."

Kunde: „Hm, worum geht es da genau?" (= Erzählen Sie mir mehr.)

Verkäufer: „Herr Schäfer, immer wenn wir uns mit Geschäftsführern (gleiche Hierarchieebene wie der momentane Gesprächspartner) aus der XYZ Branche darüber unterhalten, wo sie die Gründe für verlorene Aufträge (= Auswirkung) sehen, erzählen sie uns, dass *nicht an die wirklichen Entscheider verkauft wird. Die Verkäufer fokussieren sich auf die ihnen wohlgesinnten* Personen (= mögliches Schlüsselproblem, das die Auswirkung erzeugt). Beurteilen Sie das ähnlich?"

Kunde: „Nun ja, Herr Sickel. Dieses Problem kenne ich auch von meinen Leuten. Meist wissen sie, mit wem sie hätten sprechen müssen, wenn es zu spät ist. Das ist an sich ja schon lange bekannt, aber wie wollen Sie dieses Problem denn lösen?"

Verkäufer: „Herr Schäfer, wir helfen Verkaufsprofis beim Gewinnen ihrer wichtigsten Verkaufsprojekte (= Wiederholung des möglichen Gewinns), indem sie durch eine *überzeugende Nutzenargumentation frühen Zugang zu den wirklichen Entscheidern erhalten.*" (= Erklärung, wie Sie das Problem lösen wollen.)

Kunde: „Und das soll so einfach funktionieren, Herr Sickel?" (Möchte einen Beweis.)

Verkäufer: „Na ja. Zaubern können wir nicht, aber Unternehmen wie XYZ (direkte Referenz aus der Branche), die wir unterstützen, haben ihre Abschlussquote um 20 Prozent verbessert, ohne Anstieg der Vertriebskosten (Beweis mit relevanten Zahlen, Fakten und Referenzen). Herr Schäfer, mit meinen jetzigen Kenntnissen über Ihr Unternehmen kann ich nicht sagen, ob die gleichen Verbesserungen auch bei Ihnen möglich sind. Können wir uns treffen, um gemeinsam festzustellen, ob Sie von einer Zusammenarbeit mit Infoteam profitieren können?"

Der *Gewinn* für den Kunden in diesem Beispiel:

⇨ wichtige Verkaufsprojekte gewinnen und Position bei Schlüsselkunden ausbauen

Die *Auswirkung:*

⇨ verlorene Aufträge

Das *Problem* (das Sie lösen können):

⇨ Verkäufer und Berater fokussieren sich auf ihnen wohlgesinnte Personen

Ergebnis der Lösung (nicht die Lösung selbst):

⇨ überzeugende Nutzenargumentation

Sie sehen, dass Sie hier das OPAL-Modell ein wenig „rückwärts" denken müssen. Ihre Argumentation sollte folgendermaßen aufgebaut sein:

Möglicher Gewinn/ Verbesserung, die Ihre Lösung darstellt (Aufhänger)	Wichtige Verkaufsprojekte gewinnen; Position bei Schlüsselkunden ausbauen
Auswirkung des Problems, das (gelöst) einen Gewinn für den Kunden darstellt	Aufträge gehen verloren
Das Problem an sich	Berater und Verkäufer unterhalten sich mit wohlgesinnten Personen, nicht mit den wirklichen Entscheidern
Was Sie zur Lösung anbieten können	Nutzenargumentation
Beweis, belegt mit Zahlen, Daten, Fakten	Referenz, Verbesserung der Abschlussquote um 20 Prozent, ohne Anstieg der Vertriebskosten

Gerne versuchen Gesprächspartner am Telefon mehr über die Lösung zu erfahren. Das Ziel dieses Telefonats ist aber nicht, den Kunden „schlau zu machen", sondern einen Termin zu bekommen. Deshalb ist es wichtig, auf weiteres Nachfragen des Kunden mit der Bitte um einen Termin zu reagieren. Es ist doch völlig verständlich und kennzeichnet eine seriöse Vorgehensweise, wenn Sie zunächst einmal die genaue Situation des Kunden kennen lernen müssen, um konkrete Verbesserungen in Aussicht zu stellen.

Im Gegensatz zu früher ist heute ein Teil der Herausforderung bei der Neukundenakquisition, die gewünschten Gesprächspartner überhaupt zu erreichen. Entweder sind sie in Meetings oder auf Geschäftsreise und haben keine Zeit, oder die Sekretärin bzw. Assistenz siebt beziehungsweise blockiert, weil die Informationsflut gar nicht mehr überschaubar ist. Deshalb sollte der Einfluss dieser Personen nicht unterschätzt werden:

⇨ Sie bestimmen die Priorität jeder an ihren Chef gerichteten Kommunikation.

⇨ Sie entscheiden, welche Kommunikation ihren Chef erreicht – und welche nie bis zu seinem Schreibtisch durchdringt.

⇨ Sie berichten ihrem Chef vorteilhaft oder weniger vorteilhaft über Sie.

⇨ Sie können eine wichtige Informationsquelle sein.

Beispiel:

Sie haben öfter versucht, Ihre Zielperson zu erreichen, und die Sekretärin vertröstet Sie nun zum x-ten Mal, dass ihr Chef heute wieder keine Zeit hat. Der einzige Hebel, den Sie ansetzen können, um die Wichtigkeit Ihres Anliegens zu erhöhen, ist die Sekretärin. Deshalb sollten Sie sie mit ins Boot nehmen.

Sekretärin: „Es tut mir Leid, Herr Sickel, aber Herr Mergel ist schon wieder unterwegs. Er war auch nur ganz kurz im Büro."

Verkäufer: „Frau Schneider, haben Sie einen kurzen Moment Zeit? Ich würde Ihnen gerne kurz erklären, warum unsere Dienstleistung aus meiner Sicht so wichtig für Ihr Unternehmen ist." (Jetzt holen Sie die Sekretärin mit ins Boot.)

Sekretärin: „Ja, wenn ich das verstehe."

Verkäufer: „Da habe ich keine Sorge. Sehen Sie, Frau Schneider, immer wenn wir Geschäftsführer (gleiche Hierarchieebene wie ihr Chef) aus der XYZ-Branche fragen, welche Verbesserungswünsche sie für ihren Vertrieb haben, erzählen sie uns, dass beispielsweise die wichtigsten Entscheidungsträger zu spät identifiziert werden, dass sicher geglaubte Geschäfte im letzten Moment verloren gehen und dass die Preise zu früh genannt werden. Manchmal sagen sie auch, dass Ressourcen verschwendet werden, da Verkaufsprojekte nicht ausreichend qualifiziert sind oder dass Angebotspräsentationen ‚shots in the dark' sind, weil die Bedürfnisse der Kunden nicht richtig ermittelt wurden."

Sekretärin: „Ja, das sagt er mir auch immer."

Verkäufer: „Frau Schneider, die Infoteam Verkaufsprozess Beratung AG hat sich darauf spezialisiert, solche Schlüsselprobleme zu eliminieren und damit Ihren Erfolg am Markt sicherzustellen."

☞ **Deshalb ist es besser, mit Sekretariaten und Assistenzen zusammenzuarbeiten. Werden Sie Partner statt Gegner.**

Sie sehen, wenn Sie die Schlüsselprobleme Ihrer Zielkunden kennen, wird es einfacher für Sie. Es macht keinen Sinn, sich mehr über eine geschliffene Einwandbehandlung Gedanken zu machen, als sich mit den Problemen Ihrer Zielgruppe zu beschäftigen. Da die Sekretärin oder die Assistenz immer eine Vertrauensstellung ist, wird sich der Chef auch mit ihr über seine Probleme unterhalten. Je mehr sie sich mit Ihren Ausführungen identifizieren kann, desto „dringender" wird sie Ihr Anliegen machen. Dasselbe gilt auch, wenn die Sekretärin blockiert. Versuchen Sie nicht mit Gewalt etwas zu erreichen. Die Sekretärin entscheidet in diesem Fall, ob ihr Chef für Sie zu sprechen ist oder nicht. Überlegen Sie lieber, wie Sie einen Mehrwert auch für die Sekretärin oder die Assistenz darstellen können.

5. Welche Verkaufsstrategie den meisten Erfolg beschert

„Wir verkaufen ja Lösungen, Herr Sickel!", werde ich häufig gescholten, wenn ich einmal ein Verkaufsbeispiel aus dem Kopier- und Drucksysteme-Markt erwähne. Wobei dieses „ja" immer den Eindruck erweckt, als ob der Verkauf von Lösungen oder Dienstleistungen im Vergleich zum Produktverkauf etwas ganz besonders Anspruchsvolles sei. Meine Frage, worin denn nun der Unterschied genau bestehe, wird ausnahmslos mit „Lösungen kann man nicht sehen oder anfassen" beantwortet. Nun, wenn das so ist, dann muss es sich ja wirklich um etwas ganz Geheimnisvolles handeln. Und Entschuldigung, dass ich früher einmal Produkte verkauft habe, aber ich war jung und brauchte das Geld!

In Wirklichkeit liegt der Unterschied aber nicht darin, *was* jemand verkauft, sondern *wie* es verkauft wird. Ob nun Kopierer, medizinische Geräte, Outsourcing, Betreibermodelle, Software, Service oder was auch immer Sie verkaufen, das *Wie* macht die Musik! So gesehen gibt es keinen Unterschied zwischen Produkt- und Lösungsverkäufern. Es gibt lediglich zwei unterschiedliche vertriebliche Vorgehensweisen. Die direkte (frontale) Verkaufsstrategie und die indirekte Verkaufsstrategie.

Die direkte (frontale) Verkaufsstrategie

Am häufigsten treffen wir die *direkte (frontale) Verkaufsstrategie* am Markt an. Sie besteht darin, dem Kunden ein Produkt oder eine Lösung mit allen Merkmalen, technischen Features und Vorzügen „schmackhaft" zu machen. Anstatt den Kunden mit seinen Bedürfnissen in den Fokus zu stellen, präsentiert man sich losgelöst vom Kundenwunsch.

Kurz nach Gesprächsbeginn wird in den „Präsentationsmodus" geschaltet und dem Kunden erklärt, warum er gerade bei diesem Unternehmen kaufen muss. Es werden kaum Fragen gestellt, geschweige denn, dass man dem Kunden zuhört. Tendenziell beschränkt man sich darauf, in PowerPoint-Präsentationen Behauptungen über Nutzendimensionen aufzustellen, ohne zu überlegen, wie dieser Nutzen vom Kunden erlebt wird.

Für diese Vorgehensweise stellt sich der Verkaufsvorgang sehr simpel dar: „Wir müssen den Kunden überzeugen, dass wir das beste Produkt oder die beste Lösung haben. Dann kauft er bei uns." Und das scheint am eindrucksvollsten zu gelingen, wenn man den Kunden direkt mit dem Angebot konfrontiert. Funktionieren kann diese Strategie allerdings nur, wenn

– der Kunde einen aktuellen Bedarf hat,
– Sie sich auf der Beschaffungsebene (Einkäufer, IT-Leiter, Orga-Leiter, Personalleiter etc.) befinden,
– Ihr Angebot dem Wettbewerb klar überlegen ist,
– Ihr Unternehmen einen exzellenten Ruf am Markt hat,
– hervorragende Referenzen schon im Kundenunternehmen selbst oder im Markt des Kunden vorhanden sind.

Die grundlegende Voraussetzung für die erfolgreiche Anwendung der direkten Strategie ist also eine erdrückende Überlegenheit gegenüber dem Mitbewerb. Wenn Sie nur in einem der oben genannten Punkte „schwächeln", steht sie allerdings auf wackeligen Beinen.

Diese Erfahrung haben auch schon bedeutende Großunternehmen gemacht, die sich dann wieder auf ihr Kerngeschäft zurückgezogen haben. Die Ursache hierfür war, dass man annahm, die Tatsache, Lösungen anzubieten – ohne die vertriebliche Vorgehensweise zu ändern – allein reiche aus. In der Regel beherrschen Berater oder Verkäufer nun aber nur die direkte Strategie, was man ihnen nicht einmal vorwerfen kann. Denn die Verantwortung dafür, was wie getan wird, obliegt dem Management. Dazu gehört auch, den Mitarbeitern die nötigen Vorgehensweisen zu vermitteln, um im Markt erfolgreich zu agieren.

Natürlich hat die direkte Strategie in bestimmten Märkten und Verkaufsvorgängen ihre Berechtigung. Beispielsweise wenn es um kleinere Investitionen geht, der Entscheidungsprozess beim Kunden kurz ist und keine tiefere Beziehung zu ihm aufgebaut werden muss. Ansonsten ist sie wenig Erfolg versprechend, denn der einzige Mehrwert, den sie dem Kunden bieten soll, ist die vermeintliche Tatsache, beim „Besten" zu kaufen. Da Produkte und Lösungen aber vergleichbar oder gar identisch sind, gibt es keinen objektiv „Besten" mehr. Darüber hinaus sei bemerkt, dass auch ein noch so gutes Produkt nicht automatisch ein überlegenes Produkt ist. Deshalb ist es fraglich, ob man sich, selbst mit noch so guten Produkten, in eine Produktmerkmalschlacht einlassen sollte. Denn ein Produkt ist in den Augen des Kunden nur gut, wenn es seine Bedürfnisse erfüllt. Und wenn der Kunde die Lösung nicht als überlegen *empfindet*, ist sie es auch nicht! Man ist dann in Bezug auf irgendwelche Features oder Merkmale lediglich gleichauf mit dem Mitbewerb. Als Verkäufer hat man in den Augen des Kunden jedoch verloren, wenn die einzige Idee ist, die Produkt- und Lösungsmerkmal-Trommel zu rühren. Vom Lösungsverkäufer ist man aus Kundensicht Lichtjahre entfernt.

Von der direkten Strategie ist immer abzuraten, wenn Sie sich – aus Kundensicht – keinen deutlichen Vorsprung dem Mitbewerb gegenüber verschaffen können. Da es mit dieser Verkaufsstrategie aber grundsätzlich schwierig ist, die Kundensicht kennen zu lernen, stellt sich die Frage, ob Sie sie überhaupt anwenden sollten. Denn im Grunde genommen bedeutet die direkte Strategie, den Kunden mit einer angeblichen Überlegenheit zu konfrontieren. Und das kann sehr schnell zu Konflikten führen, was beim Mitbewerb selbstredend Glücksgefühle auslöst, denn in Wirklichkeit schwächen Sie Ihre eigene Position. Also ist das erste Mittel der Wahl die indirekte Strategie.

Die indirekte Strategie

Bei dieser Strategie steht der Kunde mit seinen Bedürfnissen, eingebettet in seine Situation im Unternehmen und im Markt, im Vordergrund. Hier ist Ihre Aufgabe, zunächst zu verstehen, was Ihr Gegenüber bewegt. Erst dann machen Sie einen Vorschlag, wie und ob Sie den Kunden mit Ihrem Produkt oder der Lösung unterstützen können (Anwendung des OPAL-Gesprächsmodells). Das ist wie bei einem Arztbesuch: *Erst die Diagnose, dann die Therapie!* Es gilt also, sich selbst als Person und das Produkt in den *Hintergrund und den Kunden und seine Bedürfnisse in den Vordergrund zu stellen.*

Ziel hierbei ist es, ein tiefes Verständnis für den Kunden, seine Situation und sein Geschäft zu entwickeln. Nur so können Zusammenhänge hergestellt werden, die der Kunde selbst nicht erkennt oder so noch nicht betrachtet hat. Und vor allem können Sie so für ihn in die Zukunft schauen. Das ist eine der wichtigsten und anspruchsvollsten Aufgaben von Verkäufern überhaupt und die Grundvoraussetzung, um einen echten – fast unbezahlbaren – Mehrwert zu bieten.

Den Verkäufer, der lediglich Informationen über Produkte oder Lösungen gibt, benötigt der Kunde nicht mehr. Solche Informationen hat der Kunde schon längst, wenn der Verkäufer zum Termin erscheint.

Es ist weder Zauberwerk, den Kunden und sein Geschäft zu verstehen, noch muss man dafür studiert haben. Es geht vielmehr darum, ihn und sein Umfeld mit gesundem Menschenverstand zu betrachten. Erst nachdem man ein tieferes Verständnis für den Kunden entwickelt hat, kann man ihm zeigen, wie und ob das Produkt oder die Lösung aufgedeckte Schwächen beseitigen oder vorhandene Stärken ausbauen – also Probleme lösen – kann.

Der Verkäufer tritt also künftig als Informationsnehmer und nicht mehr als Informationsgeber auf. Hierbei ist es jedoch längst nicht mehr damit getan, dem Kunden ein paar „nette" Fragen zu stellen, die man sich auf dem Weg zu ihm überlegt hat.

Die Vorbereitung auf das Kundengespräch ist das wichtigste Element im Verkauf. Warum? Aus folgenden Gründen:

- ⇨ Verkaufsbesuche dienen einem Ziel: die Partnerschaft mit einem Kunden vorzubereiten und zu besiegeln oder sie auszubauen.
- ⇨ Kunden hassen Zeitverschwendung. Schon der Besuch muss ihnen einen Mehrwert bieten.
- ⇨ In Zeiten knapper Kassen müssen rechenbare Lösungen verkauft werden.
- ⇨ Dazu müssen Probleme entdeckt, hinterfragt und der Wert/Nutzen des Angebots für die Gesprächspartner herausgearbeitet werden.
- ⇨ Eine strukturierte Vorbereitung und eine nutzenorientierte Gesprächs-/Fragetechnik helfen dabei.

Die erste Vorbereitung auf das Kundengespräch besteht darin, sich mit der Branche zu beschäftigen.

Beispiel: Health-Care

1. Zielmärkte:

– sowohl Kassen- als auch Privatpatienten, Steigerung des Privatmarktes

2. Prozesse:

– schnelle Abrechnung der Fallpauschalen
– Behandlungsschema

3. Geschäftstreiber:
- Gesundheitsreform (weniger Finanzmittel durch die Kassen, Fallpauschalen)
- starker Wettbewerb unter den Kliniken (gestiegene Mobilität der Patienten, Ausbau des Privatbestandes)
- Dokumentation (Führung von Nachweisen der Behandlung und Medikation)

4. Marktsituation:
- starke Konsolidierung und Privatisierung
- geringere Auslastung durch kürzere Liegezeiten
- Spezialisierung und Differenzierung der Krankenhäuser durch Zusatzleistungen („Wellness" im Krankenhaus, Hotelleistungen)

5. Top-Unternehmen:
- Unikliniken
- Träger (Sana, Röhn, Asklepios)

6. Regularien:
- Gesundheitsreform
- Fallpauschalen
- VDE-Vorschriften
- Haftung
- Datenschutz
- Dokumentation

7. Übliche Entscheidungswege:
- öffentliche Häuser: Verwaltungsleitung, Stadtrat bzw. Landrat
- private Häuser (von Trägern): zentrale Entscheidung beim Träger, nur geringe Budgetentscheidung bei der Krankenhausleitung

Die Informationen über die Punkte 1 bis 7 sind schnell aus dem Internet zusammengetragen. Sie sind wichtig, um ein Verständnis für das Geschäft des Kunden zu entwickeln. Die gewonnenen Informationen können dann auf die spezifischen Ziele und Herausforderungen des Gesprächpartners übertragen werden.

Beispiel eines Geschäftsführers (Health-Care)

- Funktionsziele/Inhalte der Stellenbeschreibung
- Geschäft führen, Umsatz und Gewinn maximieren
- Visionen und Strategien entwickeln
- Geschäftsziele umsetzen und kontrollieren
- Arbeitsplätze sichern

Typischer Handlungsbedarf (um die Funktionsziele zu erfüllen):
- Ausbau des Privatpatientenbestandes
- hohe Patientenzufriedenheit
- Ausgleich der kurzen Liegezeiten

Ihr Angebot:
- Nutzen für Geschäftsführer: Was hätte er davon, wenn er es hätte? Was fehlt ihm, wenn er es nicht hat?
- Handlungsbedarf: Welchen spezifischen Handlungsbedarf hat er?

Kernfragen und zentrale Informationen über Kundenbedürfnisse

Es muss keine Allwissenheit über das Geschäft des Kunden und seine Herausforderungen entstehen. Im Gegenteil, es ist durchaus opportun, den Kunden zu fragen, ob man seine Situation richtig verstanden hat. In der Regel reagieren Kunden hierauf sehr mitteilsam. Sie merken, dass man sich mit ihnen beschäftigt und korrigieren die getroffene Situationsbeschreibung gegebenenfalls. Das ist dann der Zeitpunkt, an dem der Kunde *über seine wirklichen Bedürfnisse spricht*. Es entsteht ein Dialog, der auf einer tieferen Ebene geführt wird, und der Verkäufer erhält Informationen und Hintergrundwissen, an das er ansonsten niemals gekommen wäre.

In diesem Augenblick empfindet der Kunde den Verkäufer als kompetenten Gesprächspartner, und erst jetzt hat dieser das Recht erworben, noch tiefer gehende Fragen zu stellen.

Folgende Informationen über die Bedürfnisse des Kunden sind für den Verkaufserfolg entscheidend:

➪ **Handlungsbedarf des Gesprächpartners**

Spiegelt die Priorität des Projekts aus Sicht des Gesprächspartners wider. Er entsteht aus der Differenz zwischen Ist und Soll.

➪ **Geschäftliche Ziele des Gesprächpartners**

Beschreiben die Ziele des Gesprächspartners aus unternehmerischer Sicht. Sie sollten quantitativ und zeitlich messbar sein.

Beispiel: Steigerung des Privatpatientenanteils um zehn Prozent in den kommenden zwei Jahren.

▷ **Persönliche Ziele des Gesprächpartners**

Hinter Entscheidungen stehen oft persönliche Ziele.

Beispiele: Macht, Anerkennung, Arbeitsplatzsicherheit, eine Schuld abtragen

▷ **Entscheidungskriterien des Gesprächpartners**

Das sind die Kriterien für den Vergleich alternativer Lösungen. Es ist wichtig, dass diese Kriterien mit den Stärken der angebotenen Lösung übereinstimmen.

Beispiele: Referenzen in der Branche, Return-on-Investment, einfache Implementierung der Lösung

Die Vorbereitung und Durchführung von Verkaufsgesprächen, die einer indirekten Strategie folgen, nimmt sicherlich mehr Zeit in Anspruch. Anderseits ist der Nutzen für den Verkäufer deutlich. Warum?

Die indirekte Verkaufsstrategie,

- gibt einen besseren Einblick in die Problemfelder, die dem Kunden schlaflose Nächte bereiten,
- zeigt – angemessene Qualifikation angenommen –, welche Kundeninitiativen in den nächsten drei bis sechs Monaten Verkaufsprojekte werden,
- hilft, den Wettbewerber in einem frühen Stadium auszuschalten,
- reduziert die Preis-Sensibilität des Kunden erheblich,
- hebt Sie in die Rolle des Beraters/Geschäftsfreundes des Kunden,
- bringt unentbehrliche Informationen für eine treffende Nutzenargumentation,
- bringt Ihnen mehr Erfolg und mehr Spaß am Verkaufen!

Des Weiteren können Sie mit der indirekten Strategie die Regeln, sprich die Entscheidungskriterien des Kunden beeinflussen.

Angenommen, Sie sind Trainer einer Fußball-Elf und Ihr bester Stürmer schießt jeden Elfmeter einen halben Meter rechts neben das Tor. Nun haben Sie in Ihrem Team niemanden, der den Stürmer beim Elfmeterschießen ersetzten könnte. Alle anderen Spieler haben einen so schwachen Schuss, dass der Ball nicht einmal die Torlinie erreicht. Geld, einen zweiten Stürmer einzukaufen, haben Sie auch keines. Was tun Sie? Sie gehen in der Nacht vor dem Spiel auf den Fußballplatz und versetzen alle Tore einen Meter nach rechts.

Voraussetzung hierfür ist natürlich, die Entscheidungskriterien des Kunden überhaupt zu kennen. Die einzige Frage, die bei der direkten Verkaufsstrategie hierzu – zudem noch in einer viel zu frühen Phase des Gesprächs – gestellt wird, ist häufig: „Worauf legen Sie beim Kauf von Produkten oder Dienstleistungen Wert?" Kein Wunder, dass dem Kunden an dieser Stelle nur das standardmäßige „Preis und Qualität" einfällt.

Der mittelmäßige Verkäufer sieht sich in seinem Vorurteil bestärkt, dass der Kunde ausschließlich über den Preis kauft und „unverschämter Weise" auch noch eine super Qualität erwartet. Der einigermaßen fitte Verkäufer fragt noch nach, was der Kunde denn unter „Preis und Qualität" versteht, zieht für sich aber keinen Nutzen aus der Antwort des Kunden. Der Verkäufer, der die indirekte Strategie anwendet, stellt diese Frage so gar nicht erst. Ihm ist bewusst, dass es da noch wesentlich mehr gibt und er viele Informationen sammeln muss, bis *er* die Entscheidungskriterien des Kunden beeinflussen kann.

Auch hier spielt Vorbereitung eine große Rolle. Vielleicht finden Sie einen Bereich, in dem der Mitbewerb große Schwächen, Ihr Unternehmen hingegen Stärken hat. Beispielsweise kann der Mitbewerb keinen internationalen Support garantieren. Ihr Unternehmen hingegen schon. Ihre Strategie kann lauten: „Ein Entscheidungskriterium wie der Preis wird in den Support nach dem

Kauf geändert." Das ist häufig einfacher, als Sie sich vorstellen. Sie haben das OPAL-Gesprächsmodell kennen gelernt und können gezielt nach negativen Konsequenzen – ohne diesen Support – fragen.

Ein anderes Beispiel kann sein, dass Ihrem Kunden Serviceleistungen für Geräte angeboten werden, die er bei Ihnen gekauft hat. Der Preis für den Service liegt 30 Prozent unter dem Ihren (heute keine Seltenheit). Im Grunde brauchen Sie sich nur ein bisschen darüber zu wundern, wo der Servicedienstleiter die Originalersatzteile herbekommt (Auswirkung). Vielleicht stellen Sie in Gegenwart des hierfür Verantwortlichen noch eine Frage über Kundenzufriedenheit bei häufig ausfallenden Geräten (Auswirkung) und schon haben Sie die Entscheidungskriterien weg vom Preis in Richtung Kundenzufriedenheit durch funktionstüchtige Geräte gelenkt.

6. Die Kundenorganisation besser durchdringen

Heute sind Einkaufsvorgänge in Unternehmen wesentlich komplexer geworden. Niemand will mehr allein entscheiden, und so mancher Mitarbeiter im Kundenunternehmen drängt sich in den Entscheidungsprozess, um seine Kompetenz zu demonstrieren oder zu zeigen, wie unentbehrlich er ist.

Um die Kundenorganisation besser durchdringen zu können, müssen Sie frühzeitig die fünf Rollen der möglichen Gesprächspartner identifizieren und Kontakt zu ihnen herstellen (vgl. Abbildung „Mit wem sprechen Sie beim Kunden?", S. 130). Im Lösungsverkauf startet Ihr Verkaufsvorgang idealerweise beim Genehmiger oder Entscheider. Zusammengefasst nennen wir die fünf Rollen Buying Center oder Lenkerzirkel. Hiermit sind alle Personen gemeint, die den Kaufentscheid positiv oder negativ beeinflussen können. Eine falsche Identifikation oder unzureichende Kontakte schwächen Ihre Erfolgschancen enorm. Die Rollen sind unabhängig von der Funktion im Unternehmen zu sehen. Eine weit verbreitete Fehleinschätzung ist, von der Annahme auszugehen, es bestünde ein Zusammenhang zwischen der hierarchischen Stellung des Gesprächspartners und seiner Rolle.

Die Identifikation der Schlüsselpersonen gestaltet sich in komplexen Verkaufsvorgängen meist schwierig. Informationen hierüber erhalten Sie von einem Coach oder besser noch von mehreren Coaches. Doch Vorsicht: Es gibt häufig Mitarbeiter im Kundenunternehmen, die sich als Coach aufdrängen, in Wirklichkeit aber eher eine bescheidene Rolle im Unternehmen spielen bzw. die Hintergründe nicht wirklich kennen. Erfahrungsgemäß hält sich ein guter Coach im Hintergrund, und auch er muss zunächst vom Nutzen Ihrer Lösung überzeugt werden. Überlegen Sie, wer Sie innerhalb oder auch außerhalb der Kundenorganisa-

Mit wem sprechen Sie beim Kunden?

Genehmiger

- Trifft die endgültige Entscheidung
- Genehmigt oder lehnt die Entscheidungsvorlage ab
- Ist gewöhnlich der Ranghöchste, der sich mit diesem konkreten Projekt beschäftigt
- Kann eine Einzelperson oder ein Gremium sein
- Hat die Autorität, das Budget zu reduzieren oder zu erhöhen

Entscheider

- Trifft den „Lösungsentscheid"
- Empfiehlt dem Genehmiger die bevorzugte Lösung
- Ist für den Projekterfolg verantwortlich
- Verfügt über das Projektbudget
- Kann eine Einzelperson oder ein Gremium sein

Prüfer

- Verantwortlich für die Bewertung alternativer Lösungen
- Werden aufgrund ihres Fachwissens um ihre Meinung gebeten
- Geben auch unaufgefordert Empfehlungen ab
- Können Ihnen eine Absage erteilen
- Können selbst keine endgültige Entscheidung fällen

Anwender

- Haben den direkten Nutzen von der Lösung oder sind betroffen
- Beurteilen die Lösung aus operativer Sicht
- Vertreten die Benutzer und Betreiber im Entscheidungsprozess
- Spielen für den Erfolg der Realisierung eine wichtige Rolle

Coach

- Unterstützen und führen Sie durch den Beratungsprozess
- Geben zuverlässige Ratschläge und verifizieren Annahmen
- Schaffen Zugang zu anderen Gesprächspartnern im Kundenunternehmen
- Geben Ihnen Informationen über die informelle Organisation
- Haben Vertrauen zu Ihnen
- Sind innerhalb und außerhalb des Kundenunternehmens zu suchen

Es besteht kein automatischer Zusammenhang zwischen hierarchischer Stellung, Rolle und Einfluss auf die Entscheidung!

tion unterstützen kann, um die Kaufbeeinflusser zu identifizieren. Grundsätzlich kann jeder Ihr Coach sein. Manchmal stellen Coaches sogar den Kontakt zu den Schlüsselpersonen her, obwohl Sie das grundsätzlich als Ihre Aufgabe betrachten sollten. In diesem Zusammenhang sei bemerkt, dass ein Coach Ihnen helfend Informationen gibt und nicht für Sie verkauft. Das machen Sie bitte selbst!

Den Genehmiger oder Entscheider zu identifizieren gestaltet sich aus mehreren Gründen schwierig. Wie schon erwähnt, haben Verkäufer ihre „Lieblingsgesprächspartner", an denen sie kleben, während der Mitbewerber sich mit den entscheidenden Personen unterhält und sich einen meilenweiten Vorsprung erarbeitet. Das nennt man dann „Tod durch Liebe", weil das Verkaufsprojekt in der Regel nicht gewonnen werden kann. Das Kundenunternehmen wird ziemlich eindimensional betrachtet, und man erhält – wenn überhaupt – nur gefärbte Informationen aus einer bestimmten Hierarchieebene. Für die eigenen Informationen gilt dasselbe. Sie werden auch nicht „im O-Ton" weitergegeben oder zu spät, zu früh oder gar nicht. Der Verkauf wird reaktiv, weil der gesamte Prozess aus der Hand gegeben wird. Ganz deutlich gesagt: Der Verkäufer ist ausgeliefert!

Natürlich können die Rollen während des Verkaufvorgangs wechseln. Beispielsweise wenn das Projekt plötzlich strategische Bedeutung bekommt, können Kaufbeeinflusser hinzukommen. Auch ist es durchaus möglich, dass der Mitbewerb einen guten Draht zu jemandem beim Kunden hat, der sich plötzlich in das Geschehen einmischt. Was gestern noch gut aussah, erscheint anderntags in einem schlechten Licht. Vielleicht ist eine Abteilung mit Kaufbeeinflussern ignoriert worden? (Siehe auch Nutzen-Targeting, Seite 104.)

Der ungemeine Vorteil des aktiven Zugehens auf verschiedene Abteilungen und deren Gesprächspartner ist es, böse Überraschungen weitestgehend auszuschließen. Selbstverständlich ist das keine Garantie, erhöht aber die Chancen auf einen reibungsloseren Verkaufsvorgang.

☞ **Ein frühes Einbinden der betroffenen Abteilungen oder Kundenbereiche in der Verkaufsvorgang maximiert die Gewinnchancen!**

7. Die Phasen eines Kundenbesuchs

1. Einstiegs-Phase

Die Eröffnung eines Gesprächs stellt für manche Berater und Verkäufer eine schwierige Hürde dar. Sie haben gelernt, dass die Chemie zwischen ihnen und dem Kunden stimmen muss und dass es für ein erfolgreiches Gespräch wichtig ist, mit dem Kunden eine positive emotionale Ebene zu schaffen, weil sie sonst auf der Sachebene nicht weiterkommen. Generationen von Verkäufern haben in Trainings immer wieder zu hören bekommen, dass der erste Eindruck entscheidend ist. Aus diesem Grund konzentrieren sich die Vorbereitungen für ein Gespräch oftmals auf diese ersten Minuten. Überspitzt gesagt, scheint es manchmal, als ob Berater und Verkäufer ihren Beruf als einen Sympathiewettbewerb betrachten. Es wird übereifrig nach Aufhängern gesucht, um den Kunden zu loben, wie beispielsweise die schönen Bilder in seinem Büro.

Bemerkenswerterweise gibt es keinerlei Untersuchungen oder Belege, dass der erste Eindruck einen Einfluss auf die spätere Entscheidung des Kunden hat. Was nicht heißt, dass es sich nicht auszahlt, ein freundliches und gepflegtes Erscheinungsbild abzugeben. Auch soll es nicht bedeuten, dass Sympathie nicht eine Hilfe sein kann. Beispielsweise in Verkäufen mit geringfügigem Wert und kurzer Gesprächsdauer, wie beispielsweise im Pharmavertrieb. Bei signifikanten Investitionen jedoch, wo auch mehrere Gespräche mit dem Kunden geführt werden, spielt Sympathie kurzfristig keine ausschlaggebende Rolle. Hier gilt das chinesische Sprichwort:

☞ **Der zu beredte Mann hat wenig Tugenden.**

Eine sinnvolle Herangehensweise ist also, die Einleitungsphase möglichst kurz zu halten und sich nicht mit langem Geplänkel und bei der Vorstellung nicht mit langen Lobeshymnen auf das eigene Unternehmen aufzuhalten. Kein Kunde will sich Ihre Sympathie erkaufen und schon gar nicht Ihr Unternehmen kaufen. Er möchte wissen, was es ihm nützt, mit Ihnen zusammenzuarbeiten. Und Sie wollen – hoffentlich – Bedarf bei Ihrem Gesprächspartner entwickeln, der den Einsatz Ihrer Lösung rechtfertigt.

Deshalb ist die Gesprächseröffnung oder der Einstieg auch die uneffektivste Phase im Verkauf, und so manches Gespräch endete aus Zeitgründen dann, wenn es für den Kunden interessant wurde. Wenn Sie diese Phase künstlich in die Länge ziehen, könnte bei Ihrem Kunden der Eindruck entstehen, Sie wüssten nicht, worüber Sie sonst noch mit ihm reden sollten. Meist reagieren Kunden dann verständlicherweise enttäuscht oder gar verärgert.

Die Fragestellung für die Gesprächseröffnung ist eine ganz andere: Wie vermeiden Sie es, zu früh im Gespräch auf die Lösung zu kommen und womöglich eine detaillierte Diskussion hierüber führen zu müssen? Wie können Sie nach einer zeitlich angemessenen Einleitung in die Analyse-Phase überleiten und die Zustimmung des Kunden erlangen, Fragen zu stellen?

Sie haben in den vorherigen Kapiteln gesehen, wie wichtig es für Ihren Verkaufserfolg ist, zunächst einen konkreten Bedarf zu entwickeln, bevor Sie eine Lösung anbieten. Deshalb ist es nur logisch und konsequent, das Gespräch von Anfang an so zu steuern, dass konkreter Nutzen und Lösungsansätze erst in der zweiten Hälfte des Gesprächs aufgezeigt werden. Zumal ein frühes Aufzeigen von Lösungen Einwände geradezu provoziert. Manchmal werden Lösungsansätze auch erst bei einem Folgetermin beschrieben.

Oftmals beginnt ein Gespräch nach der Vorstellung mit einer standardisierten Aussage wie in folgendem **Beispiel.** Der Interessent ist ein Spediteur. Das Produkt sind Sicherheitssysteme für Werttransporte und -sendungen.

Verkäufer: „Guten Tag, Herr Kornbrecher. Ich bin Hans Keller von der Securenta AG. Zunächst möchte ich mich für den Termin bedanken. Herr Kornbrecher, bei vielen unserer Kunden haben wir festgestellt, dass der Verlust von Wertgütern durch unzureichend gesicherte Container und LKW etwa 20 Prozent beträgt. Deshalb haben wir ein neues Schließsystem erfunden, das den Verlust praktisch auf Null senkt." (*Eröffnende Nutzenaussage, die auf einem „stark" vermuteten Bedarf beruht.*)

Kunde: „Oh, System? Das hört sich kompliziert an. Müssen unsere LKW dafür umgerüstet werden?" (*Detailfrage*)

Verkäufer: „Nun ja, einige Veränderungen sind schon nötig, damit wir 100 Prozent Sicherheit garantieren können."

Kunde: „Ist eine solche Umrüstung denn nicht teuer?" (*Einwand*)

Verkäufer: „Das kommt darauf an. Wenn wir gegenüberstellen, dass Ihre Werttransporte künftig praktisch ohne Verlust abgewickelt werden können, relativiert sich der Preis." (*Ist nach dem vierten Satz schon in einer Preisdebatte.*)

Kunde: „So, so, relativiert sich. Sagen Sie, wie lange dauert denn die Umrüstung für einen LKW?" (*Detailfrage*)

Verkäufer:	„Wir arbeiten sehr akkurat. Deshalb würde ich zwei Tage einplanen."
Kunde:	„Was? Zwei Tage! Wir haben ungefähr 200 Laster bei uns im Hof stehen. Da sind wir ja über ein Jahr nur mit Umrüsten beschäftigt. Haben Sie sich einmal überlegt, wann wir da noch Geld verdienen sollen?" (*Einwand*)

Was ist passiert? Durch die eröffnende Nutzenaussage und das Nennen der Lösung hat sich der Verkäufer in folgende Situation manövriert:

➪ Er musste sich gezwungenermaßen auf eine Detaildiskussion einlassen, ohne vorher den Wert der Lösung mit OPAL-Fragen aufbauen zu können.

➪ Durch die Einleitung hat er den Kunden praktisch dazu eingeladen, Fragen zu stellen und die Gesprächsführung zu übernehmen.

Natürlich ist es für einen cleveren Verkäufer oder Berater kein Problem, das Gespräch wieder in Richtung Kundenbedürfnisse zu lenken.

Beispiel:

Kunde:	„Oh, System? Das hört sich kompliziert an. Müssen unsere LKW dafür umgerüstet werden?"
Verkäufer:	„Herr Kornbrecher, lassen Sie uns auf unsere Lösung bitte gleich zu sprechen kommen. Gestatten Sie mir vorher eine Frage: Auf Ihrem Hof stehen ja eine Menge Lastzüge. Wie viele haben Sie denn insgesamt?" (*Orientierungsfrage*)
Kunde:	„Insgesamt haben wir 200 LKW im Einsatz."

Der Verkäufer hat jetzt wieder die Gesprächsführung übernommen und kann die OPAL-Fragen anwenden. Voraussetzung hierfür ist natürlich rechtzeitig zu merken, dass man das Gespräch in die falsche Richtung geleitet hat.

Wie sieht denn nun eine Erfolg versprechendere Gesprächseröffnung aus? Um es vorweg zu nehmen: Es gibt nicht „die beste Gesprächseröffnung", sondern viele unterschiedliche Möglichkeiten für eine Einleitung. Viele Verkäufer variieren die Art, wie sie ein Gespräch beginnen, was auch sinnvoll ist, denn viele Wiederholungen hören sich irgendwann abgedroschen an.

Wichtig ist, dass Sie bei Ihrer Einleitung folgende Punkte deutlich machen:

- wer Sie sind,
- warum Sie beim Kunden sind und mit ihm Gesprächsziele abgleichen,
- dass Sie dem Kunden Fragen stellen möchten, um zu analysieren, inwieweit Sie ihm und seinem Unternehmen einen Nutzen bieten können.

> **Beispiel:**
>
> „Guten Tag, Herr Colberg. Es freut mich, Sie kennen zu lernen. Ich bin Christian Sickel von der Infoteam Verkaufsprozessberatung AG. Wir hatten uns ja schon kurz am Telefon darüber unterhalten (*oder in einem Brief geschrieben*), dass die Infoteam AG besonders Unternehmen aus Ihrer Branche dabei unterstützt, ihre wichtigsten Verkaufsprojekte zu gewinnen und ihre Position bei Schlüsselkunden auszubauen. Ich bin heute hier, um gemeinsam mit Ihnen festzustellen, ob und wie wir auch Sie hierbei unterstützen können. Dazu möchte ich Ihnen ein paar Fragen stellen. Ist diese Vorgehensweise in Ordnung für Sie?"

Wenn Sie so verfahren, vermeiden Sie die frühe Verwicklung in eine Diskussion. Des Weiteren haben Sie sich die Zustimmung des Kunden gesichert, Fragen zu stellen. Sie haben die Rolle des Informationssuchenden übernommen und dem Kunden die Rolle des Informationsgebers überlassen. Gleichzeitig haben Sie bereits in die Analyse-Phase übergeleitet.

2. Analyse-Phase

Diese Phase des Gesprächs dient dazu, die Kundenbedürfnisse kennen zu lernen und mit OPAL-Fragen zu entwickeln (siehe vorangegangene Kapitel). Darüber hinaus konkretisieren Sie den Bedarf und fassen ihn in dieser Phase noch einmal zusammen.

3. Informations-Phase

An dieser Stelle sollte die Analyse-Phase abgeschlossen sein. Formulieren Sie Ihre Lösungsansätze auf Basis der Zusammenfassung der Analyse-Phase. So vermeiden Sie Einwände, weil Ihre Lösungsansätze auf dem konkreten Bedarf des Kunden beruhen. Fokussieren Sie Ihre Argumentation auf den Nutzen für den Kunden, nicht auf allgemeine Vorteile und Eigenschaften einer Lösung.

4. Commitment-Phase

Ein erfolgreicher Kundenbesuch endet mit einem Auftrag oder mit einer Vereinbarung über die nächsten Schritte im Kundengewinnungsprozess sowie den notwendigen Aktivitäten, um dort hinzukommen. Ein nicht erfolgreicher Kundenbesuch endet mit „Weiterverfolgung". Der gewünschte nächste Schritt sollte vor dem Kundenbesuch geplant werden.

Bemerkung: Das Ziel eines optimal verlaufenen Erstbesuchs sollte die Zustimmung des Kunden zu einem *gemeinsamen Aktivitätenplan* für das Projekt sein (ein Auftrag ist übrigens auch eine gemeinsame Aktivität). Die folgende Abbildung zeigt die vier Phasen eines Kundenbesuchs noch einmal im Überblick. Daran anschließend finden Sie eine Arbeitshilfe zur Vorbereitung und Auswertung Ihrer Kundenbesuche. Mit der Zeit werden Sie daraus wahrscheinlich Ihre eigenen Arbeitshilfen entwickeln.

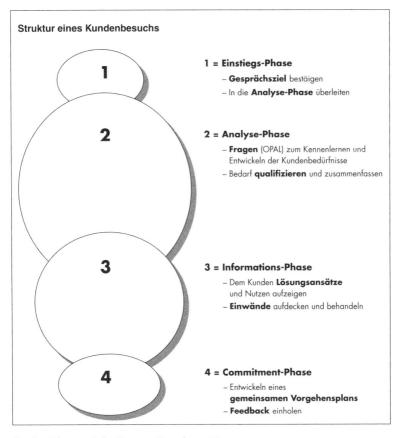

Quelle: Infoteam Sales Process Consulting AG

Appointment Roadmap – Vorbereitung

Kunde: _____ Datum: _____

Verkaufsprojekt: _____ Gesprächsdauer: _____

Teilnehmer: _____ Ort: _____

Aus welchem Grund habe ich den Termin erhalten: _____

_____

1. Einstiegs-Phase	Wie will ich das Gespräch eröffnen und möglichst rasch in die Phase 2 überleiten? _____ _____ _____ _____ _____
2. Analyse-Phase	Welche Fragen (OPAL) will ich stellen, um den vermuteten Bedarf zu einem konkreten zu entwickeln? _____ _____ _____ _____ _____

Quelle: Infoteam Sales Process Consulting AG

3. Informations-Phase	Welche Informationen für den Kunden bereite ich vor? Konkreter Bedarf Lösungsansätze Nutzen _____ _____ _____ _____ _____ _____ _____ _____ _____ Mögliche Einwände Behandlung _____ _____ _____ _____
4. Commitment-Phase	Was ist das gewünschte Ergebnis (nächster Schritt im Auftrags-Gewinnungs-Prozess), und welche Maßnahmen sind dazu erforderlich? _____ _____ _____ _____ Definition des minimalen Ergebnisses: _____ _____

Quelle: Infoteam Sales Process Consulting AG

Appointment Roadmap – Auswertung

		Ja	Nein
1.	Habe ich zügig in die Analyse-Phase übergeleitet?	❏	❏
2.	Habe ich den Bedarf entwickelt, bevor ich über die Lösung sprach?	❏	❏
3.	Habe ich den Antworten auf meine Fragen zugehört?	❏	❏

4. Welche neuen Informationen habe ich erhalten?

   _____

   _____

5. Habe ich die Darstellung unserer Lösungsansätze am Kundenbedarf orientiert?

6. Welchen Nutzen unserer Lösung hat *der Kunde* erkannt?

   _____

   _____

7. Welche Einwände wurden aufgedeckt?

   _____

8. Wie habe ich die Einwände behandelt?

   _____

		Ja	Nein
9.	Habe ich das gewünschte Ergebnis erreicht?	❏	❏
10.	Habe ich das minimale Ergebnis erreicht?	❏	❏

Nächste Aktivitäten des Kunden:

Wer: _____   Was: _____   Bis wann: _____

Unsere nächsten Aktivitäten:

Wer: _____   Was: _____   Bis wann: _____

Quelle: Infoteam Sales Process Consulting AG

8. Die Zusage des Kunden erlangen

Wahrscheinlich haben Sie sich in Ihrem Verkäuferleben schon das eine oder andere Mal die Frage gestellt: „Wie bekomme ich den Kunden jetzt dazu, den Vertrag zu unterschreiben?" Oder: „Wann ist der richtige Zeitpunkt dafür?" Und vielleicht haben Sie auch schon einmal an den Abschluss gedacht, bevor Sie den Kunden überhaupt kennen gelernt haben!?

In manchen Unternehmen wird sogar so viel Wert auf diesen Teil des Verkaufs gelegt, dass er laufend geübt wird. Trotzdem bleibt in der Regel ein Rest Unbehagen auf beiden Seiten, denn eine Abschlusstechnik ist an und für sich ja nichts anderes, als den Kunden mehr oder weniger elegant unter Entscheidungsdruck zu setzen. In manchen Branchen funktioniert das auch ganz vorzüglich. In anderen Branchen kann das Einsetzen dieser Abschlusstechniken jedoch das Gegenteil bewirken, nämlich wenn

- ⇨ der Verkaufsvorgang komplex ist und hohe Werte umfasst,
- ⇨ der Kunde erfahren ist, wie beispielsweise ein professioneller Einkäufer,
- ⇨ nach dem Verkauf eine dauerhafte Beziehung zum Kunden aufgebaut werden soll.

Besonders beim letzten Punkt ist die Vokabel „Abschluss" schon unlogisch, weil Sie ja eine Geschäftsbeziehung *eröffnen* möchten. Die klassischen Abschlusstechniken fokussieren sehr auf das Ende des Verkaufsgesprächs. Selten wird danach gefragt, was vorher passiert. Wenn Sie sich aber auf den Abschluss konzentrieren, werden Sie voraussichtlich durch die vorherigen Phasen des Verkaufsgesprächs „hasten" und sich beim Verstehen und Entwickeln der Kundenbedürfnisse schwer tun. Sie werden keinen *konkreten* Bedarf bei Ihrem Kunden entwickeln können und brauchen dann eine Technik, die den Kunden trotzdem zum Kauf bewegt, also eine Abschlusstechnik. Da beißt sich die Katze dann in den Schwanz.

Wodurch können Sie nun die Abschlusstechniken künftig ersetzen?

In Anlehnung an unser Modell im Kapitel „Die Phasen eines Kundenbesuchs" sollten Sie künftig Folgendes beachten:

1. Den Schwerpunkt auf die Analyse-Phase legen:

Sie werden keinerlei Zusage von Ihrem Kunden erhalten, wenn der Kunde keinen konkreten Bedarf für Ihr Angebot empfindet. Wenn Ihr Kunde aber auf Grund Ihrer OPAL-Fragen in der Analyse-Phase einen klaren Bedarf erkennt, benötigen Sie keine Technik, um ihn noch einmal zu überzeugen. Dann wird es häufig der Kunde selbst sein, der die Initiative ergreift.

2. Nachprüfen, ob wichtige Bedenken ausgeräumt sind:

In größeren Kundengewinnungsprozessen sind wahrscheinlich die Lösung und der Bedarf des Kunden komplex. Folgerichtig können auf Kundenseite Zweifel aufkommen, sobald die Entscheidung näher rückt. Oftmals verfahren wir mit den Bedenken auf Kundenseite wie mit anderen unangenehmen Dingen auch. Wir übergehen sie einfach oder stellen sie zurück in der Hoffnung, der Kunde würde sie vergessen. Eine bessere Methode ist aber, aktiv nachzufragen, ob und wo Unklarheiten bestehen und welche Punkte noch zu klären sind. Ansonsten haben Sie Vorwände oder Einwände provoziert, die Sie später einholen.

3. Zusammenfassen des Nutzens:

Manche Gespräche decken eine breite Palette von Themen ab. Der Kunde kann sich möglicherweise nicht bei jedem besprochenen Thema ein klares Bild machen. Es ist Ihre Aufgabe, den entscheidenden Nutzen (aus Kundensicht) zusammenzufassen, bevor Sie zum nächsten Schritt kommen. Nicht nur der Kunde, sondern auch Sie erhalten dann die für den Kunden wesentlichen Punkte.

4. Eine gemeinsame Vorgehensweise vorschlagen:

Die einfachste und wirkungsvollste Art, ein Gespräch zu einem erfolgreichen Ende zu bringen, ist der Vorschlag zu einem *gemeinsamen* nächsten Schritt. Bevor Sie das tun, sollten Sie sich *vor* dem Gespräch Gedanken machen, welcher *Schritt* mit welchem *Ergebnis* – auch für Ihren Kunden – realistisch ist.

Wenn Sie beispielsweise in einer dafür „geeigneten" Branche arbeiten, kann die gemeinsame Vorgehensweise durch einen vom Kunden zu unterschreibenden Vertrag geregelt sein. In komplexen Verkaufsvorgängen kann die gemeinsame Vorgehensweise eine ganze Palette von Aktionen auf Kunden- und Verkäuferseite darstellen, zum **Beispiel**

auf Kundenseite:

- Zugang zu anderen, möglicherweise in der Hierarchieebene höher stehenden Gesprächspartnern im Buying Center ermöglichen
- Bedürfnisse und Entscheidungskriterien kommunizieren
- gemeinsame Vorgehensweise intern kommunizieren
- ...

auf Ihrer Seite:

- Interviews mit anderen Gesprächspartnern (auch per Telefon möglich)
- kundenspezifisches Projektteam bilden
- Erfüllung des Bedarfs funktional und kostenmäßig prüfen
- ...

erwünschtes Ergebnis:

- Bedürfnisse verstehen
- Präsentation
- ...

Die gemeinsame Vorgehensweise wird in der Commitment-Phase des Kundenbesuchs vorgeschlagen. Beachten Sie bei der Erstellung des gemeinschaftlichen Vorgehens, dass Aktionen und Meilensteine für beide Seiten beschrieben werden. Schaffen Sie eine Kommunikationsplattform für alle Beteiligten. Für die beiderseitige Planung ist es wichtig, dass der Vorgehensplan mit einer realistischen Zeitleiste versehen wird. Voraussetzung für dieses Vorgehen ist natürlich, dass Sie einen konkreten Bedarf oder Bedarfsfelder bei Ihrem Gesprächspartner entwickelt haben. Weiterhin ist es für Sie wichtig zu überlegen, ob Sie sich auf der richtigen Verhandlungsebene befinden, um diese Handlungsweise vorzuschlagen. So wird Ihnen beispielsweise ein Anwender in den allerseltensten Fällen Zugang zu höheren Verhandlungsebenen schaffen können.

Das erfolgreiche Abschließen eines Gesprächs fängt mit einer realistischen Zielsetzung an. Mit dem Begriff Ziel wird oftmals sehr „weich" umgegangen. Häufig werden Wünsche mit Zielen gleichgesetzt. Wir können die Begriffe durchaus mit dem vermuteten und konkreten Bedarf vergleichen. Wünsche sind unbestimmte Aussagen, wie beispielsweise: „Ich möchte abnehmen." „Ich möchte das Rauchen aufgeben." „Wir müssen mehr Neukunden gewinnen." Oder „Wir wollen unsere Kundenbeziehungen ausbauen."

Ein wirkliches Ziel beinhaltet jedoch folgende Merkmale:

- einen zeitlichen Horizont (bis wann?)
- die Beantwortung der Frage: „Was/wie genau?" (wodurch, womit?)

– und eine quantitative Angabe (Wie viel beispielsweise Zeit, Geld, Personal etc. will ich hierfür aufwenden?)

Fragen Sie sich vor *jedem* Gespräch, was Sie erreichen wollen. Besonders wichtig ist die Frage, wie Sie einen Fortschritt erreichen möchten. Geben Sie sich nicht mit Zielen wie „Informationen sammeln", „den Kunden über unsere Lösungen informieren" oder „Kontakt halten" zufrieden. Hierdurch erreichen Sie keinen Fortschritt und können den Verkauf nicht voranbringen.

Häufig werden die Begriffe Fortschritt und Fortgang durcheinander geworfen. Ein Fortschritt treibt den Verkauf voran und beinhaltet eine definierte und spezifische Handlung. Ein Fortgang ist eine allgemeine Handlung, wie beispielsweise Kontakt aufbauen oder halten. Stellen Sie sich einmal folgende Fragen, um Ihre Gesprächsziele zu überdenken:

- Enden meine Gespräche mit der Zustimmung des Kunden zu einer oder mehreren spezifischen Aktionen?
- Plane ich mehr Fortschritte oder Fortsetzungen? Plane ich überhaupt?
- Wie kann ich künftig meine Gesprächsziele so formulieren, dass sie einen Fortschritt für meinen Verkauf darstellen?
- Welche Gelegenheiten bieten sich für einen Fortschritt? Kann ich beispielsweise den Zugang zu neuen Gesprächspartnern erreichen? Kann ich die Zustimmung für ein Pilotprojekt erreichen? Etc.
- Sollte ich überhaupt Gespräche führen, bei denen ich keine Möglichkeit für einen Fortschritt sehe?

Natürlich sammeln auch die besten Berater und Verkäufer Informationen, halten Kontakt oder bauen Kontakte auf. Das aber, was sie zu Spitzenverkäufern macht, ist die Tatsache, dass sie immer „the next move" planen, nämlich eine Handlung, die ihren Verkauf vorantreibt.

☞ **Schließen Sie immer mit einer Handlung ab, die den Verkauf vorantreibt.**

Richten Sie Ihr Augenmerk hauptsächlich auf OPAL-Fragen, um konkrete Bedarfsfelder in der Analyse-Phase zu entwickeln. Auf diese Weise erhalten Sie einen Kunden, der sein Problem lösen möchte, was Ihnen wiederum das Erreichen einer Zusage erleichtert. Wenn Ihr Gesprächspartner den Gewinn des durch Sie gelösten Problems nicht erkennt, werden Sie keine Zusage erhalten. Sie müssen zunächst den Wert für den Kunden aufbauen, ähnlich wie in Kapitel 7, „Der Nutzen und der Preis", beschrieben. Wenn Ihr Gesprächsziel beispielsweise ist, die Zustimmung des Kunden zu erhalten oder mit weiteren Gesprächspartnern – auch höherrangigen – des Buying Centers zu sprechen, müssen Sie Auswirkungs- und Lösungsfragen stellen.

Das folgende Beispiel zeigt Ihnen, wie die Struktur einer gemeinsamen Vorgehensweise (Joint-Action-Plan) sinnvoll gestaltet ist und welche Inhalte sie haben kann:

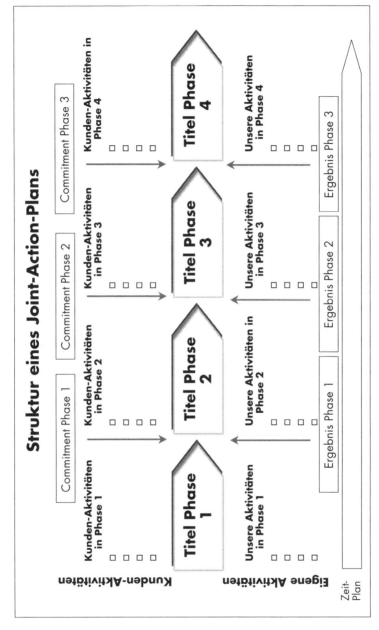

Quelle: Infoteam Sales Process Consulting AG

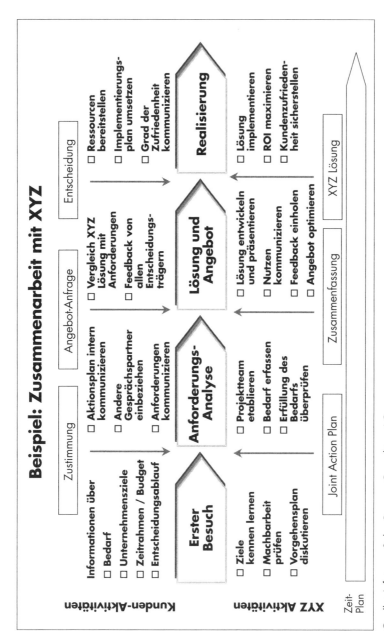

Quelle: Infoteam Sales Process Consulting AG

9. Der Nutzen und der Preis

In den vorherigen Kapiteln haben Sie erfahren, wie Sie Ihrem Kunden die Ernsthaftigkeit eines Problems vor Augen führen beziehungsweise seine Unzufriedenheit ausbauen können. Hierzu ist es wichtig, nicht sofort mit Lösungen auf einen vermuteten Bedarf zu reagieren, sondern diesen zu einem konkreten Bedarf zu erweitern. Deshalb stellen Sie in einer bestimmten Phase des Gesprächs Auswirkungsfragen, um die Problemwahrnehmung Ihrer Kunden zu verstärken.

Oftmals nehmen Verkäufer und Berater an, dass der Kunde seine Probleme und deren Auswirkungen „schon kennen" wird. Das kann ja durchaus möglich sein. Es besteht aber ein Unterschied zwischen *kennen*, *wahrhaben* und *lösen wollen*. Überdies hat ein Problem nicht nur eine einzige Auswirkung, und oftmals sind unsere Verhandlungspartner – wie wir selbst übrigens auch – so auf ihre eigene Umgebung, Abteilung oder ihr Betätigungsfeld fokussiert, dass sie nicht mehr über ihren „Tellerrand" hinausblicken können, um weitere Auswirkungen zu erkennen.

Deshalb ist die Aussage: „Der Kunde kennt seine Probleme und deren Auswirkungen am besten" dem Kunden und dem eigenen Unternehmen gegenüber fahrlässig. Eine der vornehmlichen Aufgaben von Verkäufern und Beratern ist es, den Kunden vor negativen Auswirkungen zu schützen und ihm Wege aufzuzeigen, wie er sich und sein Unternehmen weiterentwickeln kann. Nur so wird er als kompetenter Geschäfts*partner* vom Kunden akzeptiert und kann die Lösungskompetenz des eigenen Unternehmens darstellen.

Damit der Kunde den Wert einer Lösung im Verhältnis zum Preis akzeptiert, stellen erfolgreiche Verkäufer und Berater viele Auswirkungsfragen. Schauen wir uns zunächst an einem kurzen

Beispiel an, wie Lösungen mit signifikanten Investitionskosten normalerweise verkauft werden:

Verkäufer: „Benutzen Sie die neue CRM-Software in allen Abteilungen?" (*Orientierungsfrage*)

Kunde: „In unserem Geschäftsbereich ja."

Verkäufer: „Kommen denn alle Mitarbeiter mit der neuen Software zurecht?" (*Problemfrage*)

Kunde: „Nun ja, einige der Kollegen empfinden das Einpflegen der Kundendaten als recht aufwendig, somit ist es um die Akzeptanz des Systems auch nicht gut bestellt." (*Vermuteter Bedarf*)

Verkäufer: „Diese Probleme könnten wir mit unseren ‚Go CRM Now'-Seminaren lösen." (*Bietet Lösung an*)

Kunde: „Hm, was kosten diese Seminare?"

Verkäufer: „Für alle Mitarbeiter Ihres Bereichs 45 000 Euro zuzüglich Teilnehmerunterlagen."

Kunde: (*amüsiert*) „45 000 Euro nur damit unsere Mitarbeiter eine Arbeitserleichterung akzeptieren und ihre Arbeit machen? Und da sind noch nicht einmal die Ausfallzeiten und die Unterlagen für meine Leute mitgerechnet. Lieber Mann, mit der Nummer sollten Sie besser im Zirkus auftreten."

Was ist geschehen? Kunde und Verkäufer sehen einen kleinen vermuteten Bedarf (aufwendiges Einpflegen der Kundendaten / Akzeptanz). Der *bedarfsoptimistische* Verkäufer bietet eine Lösung an, deren Wert der Kunde nicht erkennt und wodurch er mit dem Preis verständlicherweise Schwierigkeiten hat.

Hinsichtlich einer Wert-Rechnung ist das Problem nicht groß genug, um den Preis von 45 000 Euro aufzuwiegen (siehe folgende Abbildung). Würde der Preis, sagen wir, 4 500 Euro betragen, hätte der vermutete Bedarf eventuell ausgereicht, um den Kunden zu überzeugen.

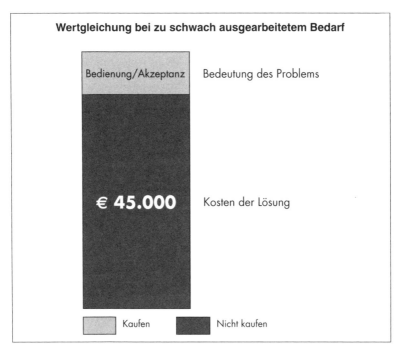

Welche Vorgehensweise des Verkäufers wäre also Erfolg versprechender gewesen? Erinnern wir uns an die Aussage von Seite 51: „Ein Problem, das aus Kundensicht keine negativen Auswirkungen oder dessen Lösungen keine zukünftige Verbesserung darstellt, *ist für ihn kein Problem.*" Deshalb würde der Kunde in unserem Beispiel eine Lösung nur anstreben, wenn sie „praktisch nichts kostet". Der Kunde selbst hat die Auswirkungen nicht erkannt, und der Berater hat ihm dabei auch nicht gerade geholfen. Im Gegenteil: Nennt der Verkäufer die Lösung zu früh, leitet er das Gespräch automatisch in eine Detail- und Preisdiskussion. Die Chancen, einen konkreten Bedarf und den dringenden Wunsch nach einer Lösung zu entwickeln, sind dann vertan.

Auch bietet eine frühe detaillierte Diskussion über Lösungen und deren Preise sehr viel Angriffsfläche für Einwände.

Eine aussichtsreiche Strategie in dieser Situation wäre zum **Beispiel:**

Verkäufer: „Benutzen Sie die neue CRM-Software in allen Abteilungen?" (*Orientierungsfrage*)

Kunde: „In unserem Geschäftsbereich ja."

Verkäufer: „Kommen denn alle Mitarbeiter mit der Software zurecht?" (*Problemfrage*)

Kunde: „Nun ja, einige der Kollegen empfinden das Einpflegen der Kundendaten als recht aufwendig, somit ist es um die Akzeptanz des Systems auch nicht gut bestellt." (*Vermuteter Bedarf*)

Verkäufer: „Sie sagen aufwendig, können Ihre Mitarbeiter denn den Zeitplan für die Umstellung auf die neue Software einhalten?" (*Auswirkungsfrage*)

Kunde: „Nun ja, da wird wohl so manche Überstunde gemacht werden müssen, aber unsere festangestellten Mitarbeiter sind das gewöhnt. Außerdem haben wir noch vier studentische Aushilfen angeheuert." (*Sieht das Problem als nicht bedeutend an.*)

Verkäufer: „Sind vier zusätzliche Aushilfen nicht ein bisschen wenig? Immerhin haben Sie 20 000 Kundendaten, die übertragen werden müssen."

Kunde: „Sie haben gut recherchiert. Wir haben zwar insgesamt 20 000 Kunden, aber in unserem Bereich reden wir über zirka die Hälfte der von Ihnen angenommenen Datensätze. Und wenn eine Hilfe ausfällt, wird der Nachfolger sofort eingearbeitet." (*Erkennt das Problem immer noch nicht als bedeutend an.*)

Verkäufer: „Das klingt so, als ob die komplizierte Bedienung der Software zu häufigem Wechsel bei den Aushilfen führt?" (*Auswirkungsfrage*)

Kunde: „Ja, leider. Hinzu kommt noch, dass besonders unsere Vertriebsmitarbeiter die Aushilfen gerne mal die Datenpflege machen lassen, die sie eigentlich selbst erledigen sollten." (*Erkennt langsam das Problem.*)

Verkäufer: „Sie sagten gerade, dass Nachfolger sofort eingearbeitet werden. Was kommt denn an Einarbeitungskosten auf Sie zu?" (*Auswirkungsfrage*)

Kunde: „Das Softwarehaus verlangt 1 200 Euro für die dreitägige Einarbeitung zuzüglich 300 Euro für Reise- und Verpflegungskosten. Das macht 1 500 Euro pro Aushilfe. Lassen Sie mich einmal nachschauen. Richtig, acht Aushilfen haben wir dieses Jahr schon ausbilden lassen. (*Erkennt mehr und mehr.*)

Verkäufer: „Das sind 12 000 Euro an Ausbildungskosten in knapp drei Monaten. Wenn Sie in dieser Zeit schon acht Studenten ausgebildet haben, bedeutet das eigentlich, dass Sie nie vier ausreichend kompetente und geübte Aushilfen zur gleichen Zeit hatten. Gibt es da nicht doch den einen oder anderen Engpass in Ihrem Zeitplan?" (*Auswirkung*)

Kunde: „Nein, wenn wir merken, dass es eng wird, machen die Aushilfen Überstunden."

Verkäufer: „Gibt es da nicht Mehrkosten?" (*Auswirkungsfrage*)

Kunde: „Natürlich. Das eigentliche Problem ist aber, dass die Aushilfen von den Überstunden nicht besonders begeistert sind. Die wollen das ja nicht

155

hauptberuflich machen, und da leidet schon mal die Brauchbarkeit der übertragenen Datensätze." (*Erfasst die Größe des Problems.*)

Verkäufer: „Gab es denn irgendwelche Beschwerden wegen der Brauchbarkeit?" (*Auswirkungsfrage*)

Kunde: „Beschwerde ist gut. Erst letzte Woche habe ich einen halben Tag mit der Marketingabteilung zusammengesessen. Die hatten zur Probe eine Mailingaktion mit den bisher übertragenen Daten gemacht. Von fünfhundert Briefen ist fast die Hälfte zurückgekommen. Unser Leiter Marketing, eigentlich ein ruhiger Mann, ist komplett ausgerastet. Das ging von Beschimpfungen wie ‚Was habt Ihr da wieder für einen Mist eingekauft' bis hin zu Äußerungen wie ‚Da können wir ja gleich dicht machen'. Das war nun wirklich nicht sonderlich erfreulich."

Verkäufer: „Ich kann mir das gut vorstellen. Nach dem, was Sie mir bisher erzählten, hatten Sie wegen der aufwendigen Bedienung und der dadurch fehlenden Akzeptanz schon einigen Ärger: Sie haben bisher Ausbildungskosten von 12 000 Euro für Aushilfen aufgewendet. Die Fluktuation unter den Studenten ist hoch, sodass weitere Aufwendungen zuzüglich Kosten für die Überstunden zu erwarten sind, was aus Ihren bisherigen Erfahrungen allerdings die Güte der abgelieferten Arbeit auch nicht erhöht. Hierdurch wird die Arbeit der Abteilung Marketing negativ beeinflusst, weil sie Ihre Kunden nur teilweise ansprechen kann. Das führt, wie Sie mir erzählten, zu einem schlechten Arbeitsklima, das in unvorhergesehenen Meetings ‚wieder gerade gerückt' werden muss. (*Zusammenfassung.*) Habe ich das so richtig verstanden?"

Kunde: „Hören Sie bloß auf. Mir wird ganz übel. Wenn wir das so betrachten, ist unsere gesamte Investition von bisher 950 000 Euro nur für die Software gefährdet."

Welchen Effekt hat der Verkäufer mit seinen Auswirkungsfragen bezüglich der Wert-Rechnung erzielt? Ein anscheinend unbedeutendes Problem wurde immer größer und somit lösenswert. Des Weiteren hat es Auswirkungen auf andere Abteilungen und somit auf das gesamte Unternehmen, weil die Investition gefährdet ist.

Eine Wert-Gleichung sieht nun folgendermaßen aus und macht deutlich, dass eine 45 000-Euro-Lösung nunmehr gerechtfertigt ist:

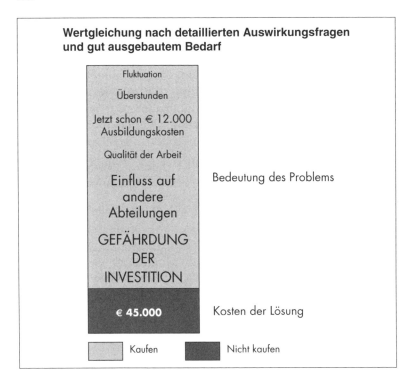

Der Sinn von Auswirkungsfragen besteht also darin, ein Problem aufzugreifen, das der Kunde als klein erkannt oder noch gar nicht bemerkt hat, und dieses auszubauen, um eine Handlung zu rechtfertigen. Des Weiteren können hierdurch weitere Gesprächspartner aus anderen Abteilungen mit ins Boot genommen werden, die die Kaufentscheidung positiv beeinflussen können.

Auswirkungsfragen sind kein Impfstoff gegen Preisverhandlungen. Es geht hierbei darum, bei hohen Investitionskosten zunächst ein Problembewusstsein aufzubauen, das diese Investition rechtfertigt.

Wie Sie Auswirkungsfragen planen

Die Schwierigkeit, Auswirkungsfragen zu stellen, ist eigentlich nicht die Formulierung. Das Problem sind die Vorbereitung und die Planung. Diese beiden Faktoren sind wichtig, weil oftmals auch von geübten Verkäufern und Beratern einfach vergessen wird, Auswirkungsfragen zu stellen. Darüber hinaus muss der Kunde merken, dass Sie sich mit ihm und seiner Situation beschäftigen. Der Kunde soll das Gefühl haben, verstanden zu werden. Im Idealfall sagt er sich nach einer Verhandlung: „Mensch, die haben unsere Probleme genau erfasst. Die helfen uns."

Probleme können Sie aber nur über deren Auswirkung entwickeln. Deshalb ist Ihre Planung für Ihren Verkauf wichtig.

Hier eine einfache, aber wirkungsvolle Methode, diese Fragen zu planen:

- ⇨ Notieren Sie ein mögliches Problem des Kunden.
- ⇨ Stellen Sie sich selbst die Frage, inwieweit dieses – zunächst unterstellte – Problem zu weiteren Schwierigkeiten führen kann.
- ⇨ Notieren Sie jede Auswirkung, die das ursprüngliche Problem schwerwiegender machen könnte.

Beispiel:

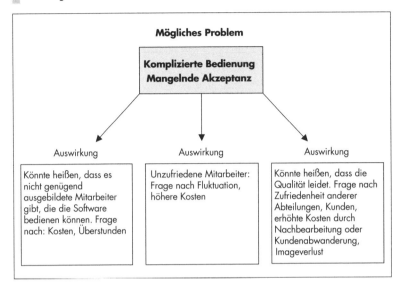

Ob Sie für diese Übung nun dieses oder ein anderes Schema wählen, bleibt Ihnen überlassen. Wichtig ist, dass Sie sich ausgiebig mit möglichen Kundenproblemen und deren Auswirkungen beschäftigen.

Wenn Sie einen einmal aufgenommenen Faden weiterspinnen, werden Sie erstaunt sein, wie viele Auswirkungen ein mögliches Problem haben kann und in welche weiteren Abteilungen des Kundenunternehmens sie führen.

Eine klassische Erläuterung hierzu gibt es von Benjamin Franklin:

Geht der Nagel verloren,
geht das Eisen verloren,
geht das Eisen verloren,
geht das Pferd verloren,
geht das Pferd verloren,
geht der Reiter verloren,
geht der Reiter verloren,
wird die Schlacht verloren,
wird die Schlacht verloren,
wird der Krieg verloren,
wird der Krieg verloren,
verlieren wir das Königreich.

Und das alles wegen eines verlorenen Hufeisennagels ...

10. Einwandbehandlung

Nachdem Sie die vorherigen Kapitel aufmerksam gelesen und die Übungen durchgearbeitet haben, sind Sie mit Ihrem Verhandlungsgeschick ein großes Stück vorangekommen. Trotzdem wollen wir uns noch mit einer Tatsache im Verkauf befassen, mit der sich Verkäufer in jeder Branche und selbst nach langjähriger Erfahrung immer wieder beschäftigen müssen: Ihr Kunde wird in irgendeiner Phase des Gesprächs Bedenken gegen Ihr Produkt, das Angebot, die Lieferzeit oder Ähnliches vorbringen.

Leider gibt es immer wieder Verkäufer, die Einwände als etwas Negatives betrachten und sich schon vor der Verhandlung ausgiebig damit beschäftigen, wie sie diese am besten aus dem Weg räumen beziehungsweise entkräften können. Manche gehen dabei sogar so weit, dass sie die häufigsten Kundeneinwände zusammentragen, sich die entsprechenden Antworten dazu aufschreiben und diese dann auswendig lernen. So hat der Verkäufer dann immer eine Antwort, die „sitzt". Diese konfektionierte Einwandbehandlung wirft in der Praxis jedoch einige Probleme auf:

- ⇨ Der Verkäufer kann nicht jede Antwort auswendig lernen und kann somit bestimmte Einwände nicht entkräften.

- ⇨ Nicht jeder Kunde ist gleich. Weichen Einwände von der gelernten Form ab, hat der Verkäufer keine schlüssige Antwort und wird unsicher.

- ⇨ Die Antworten klingen, als habe der Verkäufer den Einwand schon erwartet. Der Kunde wird seine Bedenken dann als noch begründeter empfinden.

- ⇨ Der Kunde wird das Gefühl haben, dass der Verkäufer nicht wirklich an ihm und seinen Problemen interessiert ist.

- ⇨ Durch die Konzentration auf die Einwände, die der Kunde „mit Sicherheit" vorbringt, kann der Verkäufer dem Gesprächsprozess nicht richtig folgen, stellt falsche oder unangemessene Fragen und überhört sogar mögliche Kaufsignale.

⇨ Wer sich lange genug mit Einwänden beschäftigt, wird bald selbst Bedenken gegen das eigene Produkt hegen.

Diese Art, mit Einwänden umzugehen, ist eher dazu geeignet, den Kunden zu überreden, als ihn zu überzeugen. Geschäftsbeziehungen, die durch Überreden zu Stande gekommen sind, halten jedoch meist nicht lange. Da beim Kunden immer ein ungutes „Gefühl im Bauch" bleibt, wird er die Verbindung bei nächster Gelegenheit lösen, das betreffende Geschäft nicht mehr betreten oder des Öfteren – scheinbar unbegründet – reklamieren. Nicht, dass ich etwas gegen eine rhetorisch pfiffige Einwandbehandlung hätte. Die können Sie aber nicht auswendig lernen, die müssen Sie schon üben, damit Sie auch einmal „aus dem Stand" gewieft antworten können, um den Kunden zu überzeugen.

Wie Sie Einwände vermeiden

Um Einwände zu vermeiden, ist es notwendig, sich mit drei Fragen zu beschäftigen:

⇨ Welche *Auswirkungen* hat der Einwand auf den Verkauf?

⇨ Wo liegen die möglichen *Ursachen*?

⇨ Wie können wir die Einwände *verhindern*?

Die Klärung dieser drei Fragen eignet sich übrigens auch ideal für eine Teamarbeit. Denn: „Niemand weiß alles – aber alle wissen etwas."

Die Vorgehensweise ist denkbar einfach: Sie nehmen ein großes Blatt Papier, schreiben den Einwand oder das Problem als Titel darauf und die drei Fragen darunter. Dann schreiben Sie alles auf, was Ihnen einfällt. Das Ganze könnte dann folgendermaßen aussehen:

Einwand / Problem: **Zu Teuer**

Auswirkungen:

1. Keine Chance bei Ausschreibungen.
2. Der Gesprächspartner akzeptiert nicht Ihre gesamte Produktpalette und sucht sich nur die (Preis-)Rosinen heraus.
3. Der Kunde steuert schnell Preisgespräche an.
4. Sie bekommen wenig Termine.
5. Sie verlieren viele Verhandlungen.
6. Ihr Kunde akzeptiert den erarbeiteten Nutzen, weist aber auf billigere Mitbewerbsangebote hin.
7. Der Kunde kauft gar nicht oder woanders.

Ursachen:

1. Der Verkäufer hat zu wenig Nutzen entwickelt.
2. Der Bedarf ist nicht konkret.
3. Das Angebot hebt sich nicht vom Mitbewerb ab (zu vergleichbar).
4. Das Produkt wurde in der falschen Verhandlungsphase vorgestellt.
5. Der Preis wurde in der falschen Verhandlungsphase genannt.
6. Der Kunde hat sein Budget ausgeschöpft.
7. Die Preisvorstellung des Kunden wurde nicht erfüllt.

Verhinderung:

Zu 1. Neue Problemfelder aufdecken.

Zu 2. Nochmals die vier Stufen durchlaufen.

Zu 3. Mehr Informationen über Entscheider und Unternehmen erfragen.

Zu 4. Preisnennung erst, nachdem genügend Nutzen entwickelt wurde.

Zu 5. Problemlösung erst nach Lösungsfragen vorstellen. (Niemals am Telefon, beispielsweise bei der Akquise.)

Zu 6. Unzureichende Bedarfsermittlung (gegebenenfalls taktische Lösung, wie Teilzahlung, anbieten.)

Zu 7. Unzureichende Bedarfsermittlung.

Einwand / Problem: **Keine Termine mit Entscheidern**

Auswirkungen:

1. Gespräche müssen mit untergeordneten Personen geführt werden.
2. Die Vorschläge und Ideen können nicht direkt unterbreitet werden.
3. Die wirklichen Interessen des Entscheiders bleiben im Dunkeln.
4. Die Vorschläge und Ideen werden dem Entscheider aus zweiter Hand präsentiert.
5. Die Informationen sind durch die Aussagen des Überbringers verfälscht oder seinen eigenen Interessen „angepasst".
6. Vorschläge, Ideen und Angebote sind nicht mehr aktuell.

Ursachen:

1. Der untergeordnete Verhandlungspartner täuscht Kompetenz vor.
2. Die vorgeschalteten Stellen des Entscheiders fangen den Verkäufer ab.
3. Der Untergeordnete ist der vermeintlich „einfachere" Verhandlungspartner.
4. Der Entscheider ist selten im Haus.
5. Er delegiert.

Verhinderung:

1. Dem untergeordneten Gesprächspartner geschickte Fragen stellen, die die Auswirkungen der Problemlösung aufdecken, zu denen der vorgeschaltete Verhandlungspartner jedoch keine Aussage treffen kann und somit den Entscheider hinzuziehen muss.
2. Hierdurch Neugierde des Entscheiders wecken.
3. Vorbereitung auf die wahrscheinlichen Interessen des Entscheiders intensivieren.
4. Angewohnheiten des Entscheiders herausfinden (Mittagspause, manche Entscheider sind sehr früh oder sehr spät im Betrieb etc.)

Wenn Sie diese Verfahrensweise anwenden, werden Sie feststellen, dass die Einwände im Laufe der Zeit weniger werden. Außerdem kennen Sie die möglichen Ursachen und können wesentlich gelassener darauf reagieren.

Ein allgemeines Problem im Verkauf möchte ich an dieser Stelle nicht unerwähnt lassen: die Kreativität. Für Verkäufer ist es außerordentlich wichtig, beispielsweise neue Zielgruppen oder Anwendungsmöglichkeiten für ihre Problemlösungen zu finden. Selbstverständlich ist es genauso wichtig, Prognosen abzugeben, das Geschäft zu planen, Statistiken zu erstellen oder das Formularwesen zu bearbeiten. Aber kommt die Kreativität im Verkauf dabei nicht zu kurz? Ich meine, ja. Deshalb lassen Sie uns diesen wesentlichen Teil des Verkaufs nach der bekannten Verfahrensweise unter die Lupe nehmen.

Problem: **Keine Ideen und fehlende Kreativität, um neue Wege zu gehen**

Auswirkungen:

1. Die Verkäufer beschäftigen sich überwiegend mit so genannten Stammkunden.
2. Die Kunden sind enttäuscht, weil die Verkäufer auch keine besseren Ideen als der Kunde selbst haben.
3. Es fehlen interessante Gesprächsthemen.
4. Der Kunde wird nicht begeistert.
5. Die Verkäufer wirken zu routiniert und leidenschaftslos.
6. Die Verkäufer suchen nach fertigen Patentrezepten, weil sie selbst noch nicht einmal mehr in der Lage sind, Denkanstöße weiterzuentwickeln.
7. Schon bei der Terminvereinbarung fehlt es an Ideen, dem Kunden etwas Interessantes in Aussicht zu stellen.

Ursachen:
1. Das Tagesgeschäft ist mit Formularen, Meetings etc. überfrachtet. Es fehlt die Zeit.
2. In einzelnen Branchen fehlt dem Verkäufer das nötige Fachwissen, das er braucht, um Ideen für Verbesserungen zu haben.
3. Anstatt neue Erfahrungen zu sammeln, verlässt sich der Verkäufer auf „Bewährtes".
4. Neue Ideen von außerhalb werden ignoriert oder als untauglich bewertet: „Bei unseren Kunden geht das nicht."
5. Die Verkäufer informieren sich nicht genügend, etwa über die vom Unternehmen angebotenen Hilfestellungen.

Verhinderung:
1. Planen Sie einen Teil Ihrer Zeit für Ideenfindung ein.
2. Erfragen Sie die Arbeitsabläufe Ihrer Kunden noch intensiver.
3. Lesen Sie Berichte aus Zeitungen etc. über Ihre Kunden oder Ihre Ziel-Branche.
4. Schauen Sie einmal ins Internet.
5. Haben Sie Mut bei der Entwicklung neuer Lösungen.
6. Überdenken Sie Ihre Lösungen aus der Vergangenheit immer wieder.
7. Tauschen Sie sich mit Kollegen aus.
8. Wenn Sie häufig sagen: „Das mache ich immer so", dann denken Sie einmal darüber nach, was Sie in Zukunft anders machen können.

Kategorien von Einwänden

Auch wenn Einwände von manchen Kunden recht abweisend vorgebracht werden, so verfolgen sie nur einen Zweck: Der Kunde möchte sicherstellen, dass er auch wirklich die richtige Entscheidung trifft.

Um dem Kunden eindeutig zu zeigen, dass seine Bedenken unbegründet sind, sollten Sie Einwände prinzipiell positiv sehen und auch dementsprechend reagieren. Andernfalls bestärken Sie Ihren Kunden nur in der Annahme, dass seine Zweifel berechtigt sind. Im Folgenden werden wir uns mit den verschiedenen Arten von Einwänden, deren Behandlung und ihren Ursachen beschäftigen:

Grundsätzlich gibt es vier Situationen, die zu Einwänden führen können:

1. Gleichgültigkeit

Der Kunde hat kein Interesse an einem Gespräch oder an der von Ihnen vorgeschlagenen Problemlösung.

2. Handlungsunfähigkeit

Der Kunde kann Ihr Angebot aus einem bestimmten Grund nicht wahrnehmen.

3. Unsicherheit / Bedenken

Der Kunde hat irgendwelche Zweifel oder schenkt den Darstellungen des Verkäufers keinen Glauben. Er ist bezüglich der zu treffenden Entscheidung noch unsicher.

4. Missverständnis

Zwischen Kunde und Verkäufer liegt ein Missverständnis vor.

Vorgehensweise

Da sich Kunden nicht immer klar ausdrücken, ist es gar nicht so einfach, die Art des Einwands zu identifizieren. Das ist jedoch wichtig, da jede Kategorie unterschiedlich behandelt werden muss. Deshalb sollten Sie sich, nachdem der Kunde seinen Einwand geäußert hat, zunächst einmal einen Überblick verschaffen, indem Sie

- kurz **innehalten**, um den Einwand zu untersuchen,
- die Einwandart durch **Fragen** klären,
- den Einwand **überprüfen** (klären, ob Sie den Kunden richtig verstanden haben),
- die **Einwandbehandlung** durchführen (je nach Kategorie),
- **nachprüfen,** ob der Einwand erledigt ist.

Innehalten

Begegnen Sie in einer Verhandlung einem Einwand, machen Sie einfach eine kurze Gesprächspause, und überlegen Sie Folgendes:

- Handelt es sich wirklich um einen Einwand? (Manche Fragen klingen wie Einwände, müssen aber keine sein.)
- Welcher Einwand liegt vor? (Gleichgültigkeit, Handlungsunfähigkeit, Bedenken, Missverständnis)
- Habe ich den Einwand richtig verstanden?

Durch diesen kurzen Einschnitt verdeutlichen Sie dem Kunden, dass Sie ihn und seinen Einwand ernst nehmen. Wenn Sie nämlich unmittelbar eine Antwort parat haben, wird bei Ihrem Kunden der Eindruck entstehen, zwar einen gut geschulten Verkäufer vor sich zu haben, der allerdings nicht auf seine Probleme eingehen möchte. Sie würden unglaubwürdig werden, und eine Vertrauensbasis käme nicht zu Stande. Schlimmstenfalls könnte der Kunde Ihren „Konter" als oppositionelles Verhalten deuten und seinen Einwand intensiv verteidigen. Das Ergebnis wäre dann ein Streitgespräch, also das Ende einer jeglichen Verhandlung.

Fragen zur Klärung der Einwandart

Manche Verkäufer scheuen sich gerade hier, die Situation zu klären. Dabei ist es für den weiteren Verlauf des Gesprächs von entscheidender Bedeutung. Wenn Sie nicht genau wissen, was sich hinter dem Einwand verbirgt, wie wollen Sie ihn dann auflösen?

Ein Beispiel: Nehmen wir ruhig das oftmals – zu Unrecht – gefürchtete: „... zu teuer." Um die Beweggründe für diesen „Furcht erregenden" Einwand herauszufinden, reicht doch eine ganz einfache Frage wie:

– „Warum?"
– „Wie meinen Sie das?"
– „Inwiefern zu teuer?"
– „Womit vergleichen Sie das?"

Durch diese einfache Frage erfahren Sie,

– ob es dem Kunden zu teuer ist, weil er eine Investition in dieser Höhe nicht aufbringen kann. In diesem Fall wäre er **handlungsunfähig.**
– ob es ihm im Vergleich zu anderen Angeboten zu teuer erscheint. Dann ist er **unsicher** oder hat **Bedenken.**
– ob er kein Interesse an Ihrem Angebot hat, es sich also um **Gleichgültigkeit** handelt und er „zu teuer" als Ausrede benutzt (siehe auch Kapitel „Der Umgang mit Vorwänden").

Angenommen, Ihr Kunde antwortet auf Ihre Frage: „Für diese Maßnahme haben wir in diesem Jahr kein Budget mehr vorgesehen", so handelt es sich um *Handlungsunfähigkeit*. Diesen Einwand können Sie taktisch lösen, indem Sie beispielsweise ein Zahlungsziel oder Leasing anbieten.

Ist die Antwort des Kunden zum Beispiel: „Ich habe hier ein Angebot Ihres Mitbewerbers, das günstiger ist", so nimmt der Kunde an, die gleiche Leistung woanders preiswerter zu bekommen. Er hat also *Bedenken,* Ihr Angebot wahrzunehmen. Lassen Sie sich bitte das andere Angebot zeigen. Manche Kunden wollen mit diesem Einwand einfach nur bessere Konditionen bekommen. Andernfalls können Sie die Angebote vergleichen und nochmals auf Ihren Nutzen verweisen.

Sollte Ihnen Ihr Verhandlungspartner keine schlüssige Antwort geben können, so benutzt er „zu teuer" mit großer Wahrscheinlichkeit als Ausrede, weil er Ihrer Problemlösung *gleichgültig* gegenübersteht. Natürlich ist es auch möglich, dass es noch andere Gründe für seine Ablehnung gibt. Kunden verschweigen oft die wirklichen Motive für ihre Absage, weil es in unserer Gesellschaft nicht unbedingt üblich ist, immer die Wahrheit zu sagen. (Wie Sie eine Ausrede von einem wirklichen Einwand unterscheiden können, erfahren Sie im Kapitel „Der Umgang mit Vorwänden".)

Überprüfen des Einwandes

Das Überprüfen wird nur dann notwendig, wenn Sie Gefahr laufen, den Kunden misszuverstehen. Formulieren Sie die Aussage des Kunden in eine positive Frage um.

Beispiele:

Kunde: „Ihre Lieferzeiten sind zu lang."

Verkäufer: „Verstehe ich Sie richtig, Sie wollen das Gerät sofort einsetzen?"

Kunde:	„Die Hose ist mir zu eng."
Verkäufer:	„Sie suchen also etwas Bequemeres?"
Kunde:	„Im Schaufenster fand ich die Uhr ja wunderschön, aber an meinem Handgelenk sieht sie doch sehr klobig aus."
Verkäufer:	„Verstehe ich Sie richtig, Sie möchten eine elegantere Uhr?"
Kunde:	„Das Gerät ist zu groß für unser Büro."
Verkäufer:	„Sie suchen demnach ein kompakteres Gerät mit demselben Nutzen auf weniger Raum?"
Kunde:	„Der Umwelt zuliebe haben wir unseren Papierverbrauch drastisch gesenkt."
Verkäufer:	„Bedeutet das, Sie suchen umweltfreundliches Papier?"

Ist die Antwort des Kunden positiv, können Sie den Einwand taktisch behandeln.

Vermeiden Sie bitte, dem Kunden in seiner Aussage zuzustimmen. Das bringt meist eine negative Stimmung in die Verhandlung:

Kunde:	„Die Hose ist mir zu eng."
Verkäufer:	„Ja, da haben Sie Recht. Das sieht wirklich unmöglich aus. Sie suchen also etwas Bequemeres?"

Hätten *Sie* jetzt noch Lust, etwas anderes anzuprobieren?

Die taktische Behandlung von Einwänden

Gleichgültigkeit

Sehr häufig suchen mittelmäßige Verkäufer die Schuld bei ihren Kunden, wenn es ihnen nicht gelungen ist, Interesse zu wecken. „Der Kunde hat noch nicht begriffen, dass er unser Produkt braucht", lautet dann der übliche Kommentar. Ich hingegen behaupte, dass es meist am Verkäufer liegt, wenn der Kunde nicht „anspringt". Die häufigsten Ursachen hierfür sind:

- Mangelnde Bedarfsanalyse (falsche oder irrelevante Orientierungsfragen).
- Es werden Problem-Bereiche ausgebaut, die für den Kunden nicht wichtig sind.
- Die Problemlösung wird viel zu früh angeboten (direkt nach Problemfragen, ohne Auswirkungs- und Lösungsfragen zu stellen).

Meist drückt sich das Desinteresse des Kunden durch reservierte oder gar abweisende Haltung aus:

- Er hört dem Verkäufer nicht richtig zu.
- Er ist unkonzentriert.
- Er wendet sich vom Verkäufer ab.
- Er antwortet auf Fragen gar nicht oder nur teilweise.

Verfahrensweise:

Wenn Sie bemerken, dass Ihr Kunde kein Interesse zeigt, sollten Sie nochmals auf die Bedarfsanalyse zurückkommen. Hier finden Sie neue Ansatzpunkte für Problembereiche, die Sie ausbauen können. Leider bemerken viele Verkäufer erst am Ende der Verhandlung, dass es ihnen nicht gelungen ist, den Kunden zu interessieren. Diese Gespräche enden meist mit der abschließenden Bemerkung des Kunden: „Ich melde mich dann bei Ihnen." Wenn Sie bemerken, dass das Gespräch immer „zäher" wird und Ihr Gegenüber in keinster Weise auf Sie eingeht und noch nicht einmal einen Einwand hat, können Sie davon ausgehen, dass er noch nicht interessiert ist. Manchmal ist es in solchen Fällen sogar besser, das Gespräch abzubrechen und unter vorteilhaften Bedingungen wieder aufzunehmen. Diese Entscheidung liegt natürlich bei Ihnen und hängt von der Branche und den Produkten ab, die Sie verkaufen. Beispielsweise ist es bei erklärungsbedürftigen Wirtschaftsgütern allemal günstiger, die Verhandlung zu vertagen, als für immer den Stempel *uninteressant* aufgedrückt zu bekommen.

Sie sehen hier, wie wichtig es für Sie ist, sich auf jede Verhandlung vorzubereiten, indem Sie sich vorher überlegen, welche Fragen Sie stellen wollen.

Handlungsunfähigkeit

Den meisten Einwänden aus diesem Bereich können Sie durch eine exakte Bedarfsanalyse aus dem Weg gehen. Manche Dinge *müssen* Sie sogar vorher klären, da Sie sonst in die Verlegenheit kommen können, mit Kunden zu verhandeln, die Ihre Problemlösung gar nicht in Anspruch nehmen können, selbst wenn sie wollten. Es gibt fünf Bereiche, die Sie in der Bedarfsanalyse abklären müssen:

1. *Wer?*

Wer muss mit am Verhandlungstisch sitzen, damit ein Vertrag zu Stande kommen kann?

2. *Wie viel?*

Wie viel Geld will oder kann Ihr Kunde für die vorgeschlagene Problemlösung aufbringen?

3. *Wann?*

Wann soll das Produkt eingesetzt werden?

4. *Andere?*

Existieren Umstände, die den Einsatz Ihrer Problemlösung verhindern können? Also Betriebsmittel wie Platz, Personal (das ausgebildet oder eingestellt werden muss) oder technische Voraussetzungen (zum Beispiel ein Starkstromanschluss)?

5. *Mitbewerb?*

Bestehen mit den jetzigen Lieferanten *verbindliche* Vereinbarungen, die einen Wechsel des Anbieters unmöglich machen? (Jahresverträge, Leasingverträge, Mietverträge, Abnahmemengen etc.)

Verfahrensweise:

Wer?

Sollte sich während des Gesprächs herausstellen, dass noch andere Personen an der Entscheidung beteiligt sind, versuchen Sie, diese zu dem Gespräch dazuzuholen, oder schlagen Sie einen nächsten Termin vor, bei dem die tatsächlichen Entscheidungsträger anwesend sind. Sie können Ihren Gesprächspartner übrigens schon im Vorfeld fragen, ob er allein entscheidet oder ob weitere Personen hinzugezogen werden müssen. Sie wollen ja niemanden übergehen. Da Sie sich in dem Unternehmen noch nicht auskennen, müssen Sie eben fragen, um professionell verkaufen zu können.

Wie viel?

Diese Frage ist für Ihren Verkauf sehr wichtig. Wenn Sie wissen, wie viel Ihr Kunde ausgeben kann oder will und Sie Ihr Angebot hiernach ausrichten, wird es ihm schwer fallen, später „zu teuer" zu sagen. Je mehr Sie also aus dem Bereich Handlungsfähigkeit wissen, desto besser können Sie Ihre Vorbereitung auf Ihren Verhandlungspartner abstimmen. Sie sind in der Lage, agieren zu können und müssen später nicht – auf ein angeblich unvorhergesehenes „zu teuer" – reagieren.

Sollte Ihnen Ihr Gesprächspartner eine Frage nach den jetzigen Kosten, dem in diesem Unternehmen üblichen Budgetrahmen für Ihre Problemlösung oder was ihm die Verbesserung wert sei, keine Antwort geben können oder wollen, so erklären Sie ihm, dass Sie ohne diese Angaben *keinen seriösen* Vorschlag machen können. Natürlich gibt es auch Verkaufssituationen, in denen Ihr Produkt allein in der von Ihnen vorgeschlagenen Konfiguration oder Ausführung eine wirkliche Problemlösung für den Kunden darstellt, diese jedoch den Budgetrahmen sprengen würde. In diesem Fall können Sie beispielsweise folgende Möglichkeiten (je nach Branche und Produkt) vorschlagen:

– verlängertes Zahlungsziel,
– Verlängerung der Miet- oder Leasinglaufzeit (kleine Raten),
– Teilfinanzierung,
– das Produkt in mehreren Stufen ausbauen.

Sprechen Sie diese Maßnahmen jedoch in Ihrem eigenen Unternehmen ab.

Wann?

Es nützt Ihnen heute nichts, wenn der Kunde die Problemlösung erst in einem Jahr einsetzen möchte. Deshalb ist auch diese Frage im Vorfeld zu klären. Nur so können Sie agieren, anstatt reagieren zu müssen. Auch wenn Sie Ihren Kunden für den Moment begeistern können, so sieht die Welt in einem halben Jahr meist anders aus.

Sind die zeitlichen Abstände zwischen Beratung und Abschluss zu groß, haben Sie Schwierigkeiten, die Verhandlung in Schwung zu halten. Der Kunde „kühlt ab". Andere Dinge werden im Laufe der Zeit wichtiger oder noch akutere Probleme tauchen auf. Also: „Schmieden Sie das Eisen, solange es heiß ist." Prüfen Sie, ob eine ausführliche Beratung in diesem Moment überhaupt Sinn macht. Sollten Sie zu der Überzeugung kommen, dass der Kunde zu diesem Zeitpunkt keinesfalls eine Entscheidung treffen wird, informieren Sie ihn (Kunden, die ihre Entscheidung heute treffen, warten nicht ewig auf Sie), und vertagen Sie das Gespräch. Allerdings ist es in diesem Fall ratsam, bis zum Tag x ständig in Kontakt mit Ihrem Kunden zu bleiben.

Sollten Sie jedoch merken, dass Ihr Kunde grundsätzlich einer Entscheidung offen gegenübersteht, auch wenn die Problemlösung selbst erst später eingesetzt werden soll, versuchen Sie ihn heute schon an Ihr Unternehmen zu binden. Machen Sie dann einen Vertrag

– auf Abruf, bei dem der Kunde das Produkt dann zum heutigen Preis erhält,
– mit mietfreier Vorlaufzeit (Leasing oder Miete),
– mit Rücktrittsrecht.

Andere?

Sicherlich ist es für die Gesprächsatmosphäre nicht förderlich, wenn Sie direkt zu Beginn einer Verhandlung alle Umstände, die sich negativ auf Ihren Verkauf auswirken können, eruieren wollen.

Es gibt jedoch Dinge, die frühzeitiger Klärung bedürfen, da sie eine Grundvoraussetzung für den Einsatz Ihrer Problemlösung darstellen. Nehmen wir ein **Beispiel:**

Wenn Sie Autos verkaufen, wird Ihrem Kunden von vornherein klar sein, dass er einen Führerschein benötigt, um selbst fahren zu dürfen. Nicht so, wenn Sie Gabelstapler verkaufen. Selbst wenn Ihr Kunde einen kleinen Stapler nimmt, der ausschließlich auf dem firmeneigenen Gelände eingesetzt wird, benötigt der Fahrer einen Gabelstaplerschein. Diese Tatsache muss dem Kunden jedoch nicht zwangsweise bekannt sein. Wenn Sie Ihren Kunden nicht frühzeitig auf diese Voraussetzung hinweisen, bekommen Sie später nicht nur einen massiven Einwand, sondern auch das Prädikat „unseriös". Ebenso verhält es sich mit jeglichen Nebenkosten oder technischen Gegebenheiten, die für den Einsatz Ihrer Problemlösung nötig sind.

Denken Sie bitte daran, dass Ihr Kunde auf seinem und Sie auf Ihrem Gebiet der Fachmann sind. Deshalb obliegt es Ihrer Verantwortung, Ihren Kunden auf solche Dinge aufmerksam zu machen. Um Ihren Verhandlungspartner zu entlasten, überlegen Sie sich bitte vorher, mit welchen anderen Personen Sie diese Dinge klären können: Beispielsweise wird der Vorstand eines Unternehmens Ihre Frage nach einem Starkstromanschluss eher mit Befremden aufnehmen. Das besprechen Sie besser mit dem Hausmeister.

Mitbewerb?

Je gewissenhafter Sie die Bedarfsanalyse durchführen, desto weniger Einwände haben Sie auch in diesem Bereich zu erwarten. Manche dieser Fragen können Sie schon vor dem eigentlichen Gespräch klären. So ist es durchaus legitim, bei einem Direktbesuch oder einem Telefonat beispielsweise zu fragen, ob Maschinen grundsätzlich gekauft oder geleast werden. Auch die Wartezeit vor dem Termin lässt sich durch Orientierungsfragen verkürzen. Zum einen lernen Sie hierdurch die Mitarbeiter kennen, zum anderen erhalten Sie wichtige Informationen.

Wenn Sie diese scheinbar belanglosen Fragen schon im Vorfeld ansprechen, wissen Sie, welche Bereiche Sie besonders frühzeitig klären müssen. So ist es beispielsweise nicht sonderlich einträglich, sich mit einem Kunden über neue Maschinen zu unterhalten, wenn die Leasingverträge über die derzeitig eingesetzten Geräte noch 36 Monate laufen oder sich ein Mietvertrag gerade automatisch verlängert hat, weil der Kunde vergaß, ihn zu kündigen. Klären Sie solche Sachverhalte frühzeitig, damit Sie nach einer Lösung, wie zum Beispiel den Einsatz des noch unter Vertrag stehenden Gerätes in einer Filiale des Unternehmens oder die Übernahme der bestehenden Verträge durch einen anderen Kunden suchen können.

Unsicherheit / Bedenken

Bedenken oder Zweifel haben insofern ihre Tücken, da die Ursachen für den Verkäufer meist nicht greifbar sind. Sie beruhen häufig auf einem „unguten Gefühl" des Kunden, dessen Herkunft dieser oftmals selbst nicht kennt. Der Kunde misstraut dem Verkäufer, der Ware, dem Unternehmen, oder er ist sich aus einem anderen Grund nicht sicher, ob er die richtige Wahl trifft. Meist können Sie eine Unsicherheit oder Zweifel an der Art und Weise, wie sie der Kunde vorbringt, erkennen. So wird ein Kunde, der sich bezüglich des Preises unsicher ist, seine Bedenken selten in Form eines Einwandes „teuer" oder „zu teuer" äußern. Unsicherheiten drücken sich meist in Fragen des Kunden aus: „Ist das nicht zu teuer?" oder „Das ist aber teuer!?" (achten Sie immer auf den Tonfall). Unsicherheiten finden Sie am häufigsten in folgenden Bereichen:

Preis

Der Käufer ist sich nicht sicher, ob er den entsprechenden Gegenwert oder die entsprechende Leistung für sein Geld bekommt.

Ihre Firma

Der Interessent ist unsicher, ob Ihr Unternehmen für ihn der richtige Partner ist.

Lieferung

Der Kunde bezweifelt eine fristgerechte oder/und ordnungsgemäße Lieferung der bestellten Ware.

Qualität

Der Käufer zweifelt die Qualität Ihrer Produkte an.

Service

Der Kunde befürchtet, dass ihm bei einer Beanstandung nicht geholfen wird.

Vorgehensweise:

Nehmen Sie die Unsicherheit Ihres Kunden niemals auf die leichte Schulter. Wenn sich solche anscheinend unbedeutenden Fragen summieren, weil sie vom Verkäufer unbefriedigend beantwortet werden, *kauft der Kunde nicht.* Am Schluss wissen weder er noch Sie genau, wieso eigentlich. Was dem Kunden und Ihnen bleibt, ist ein ungutes Gefühl. Beide sind unzufrieden, und das kann nicht Sinn und Zweck einer Verkaufsverhandlung sein.

Es gibt zwei Wege, wie Sie Ihrem Kunden helfen können, seine Unsicherheit zu verlieren: durch Veranschaulichung beziehungsweise Erklärungen oder durch das Gewichten von Bedenken.

Veranschaulichen / Erklären

Beispiel:

Sie verkaufen Kühlschränke, und der Kunde fragt Sie, ob der Stromverbrauch des vorgeschlagenen Gerätes im Vergleich zu anderen nicht zu hoch sei. Selbstverständlich können Sie ihm antworten:

„Aber mein Herr, Sie wissen doch selbst. Da schreibt doch jeder, was er will. Die Angaben kontrolliert doch niemand." (Und mich interessiert das sowieso nicht.)

Oder:

„Na ja. Die paar KW/h. Dafür ist das Gerät ja auch 75 Euro günstiger." (Nun stellen Sie sich mal nicht so an.)

Damit verunsichern Sie Ihren Kunden nur noch mehr, und Sie zeigen ihm auch, dass Sie seine Sorge nicht ernst nehmen. Außerdem zeugt die Antwort nicht unbedingt von Sachverstand.

Sollte Sie eine solche Frage unvorbereitet treffen, sagen Sie dem Kunden, dass Sie es nicht wissen, sich hierüber jedoch gerne kundig machen. Dann *erklären* Sie dem Kunden den Sachverhalt:

Besser:

„Sehen Sie, manche Hersteller legen ihren Messungen den gesamten Stromverbrauch des Gerätes pro Stunde zu Grunde. Andere messen den Verbrauch pro 100 Liter Fassungsvermögen. Das sieht auf den ersten Blick natürlich günstiger aus. Lassen Sie uns doch einmal zusammenrechnen ..."

Gerne versuchen Verkäufer auch, die Unsicherheit des Kunden mit Behauptungen aus dem Weg zu räumen und reden sich damit um Kopf und Kragen.

Beispiel:

Kundin: „Ist das Gerät denn auch wirklich solide?"

Verkäufer: „Aber natürlich, gnädige Frau. Das ist allererste Ware. Deutsche Wertarbeit. Da werden sogar Ihre Enkel noch Spaß dran haben."

Kundin: „Hm. Warum geben Sie dann nur ein Jahr Garantie darauf?"

Besser:

Verkäufer: „Sehen Sie hier. Die besonders beanspruchten Stellen des Gerätes sind durch ... verstärkt. Die ... sind mit ... Wenn Sie zudem noch pfleglich mit dem Gerät umgehen, werden Sie lange Freude daran haben."

Geben Sie eine realistische Einschätzung der Lage ab, und erinnern Sie den Kunden daran, dass er auch seinen Teil zu einer zufrieden stellenden Zusammenarbeit beizutragen hat.

Um Unsicherheiten durch Erklären zu überwinden, benötigt man natürlich Fachwissen. Außerdem sollten Sie in der Lage sein, Ihre Ausführungen nachweisen zu können. Beispielsweise durch:

⇨ Produktblatt

⇨ Referenzen: ähnliche Projekte, die Sie (nachweislich) schon erfolgreich durchgeführt haben, zufriedene Kunden etc.

⇨ Beweismittel: sichtbare Beweise, wie Testberichte, Vergleichstests, Testergebnisse oder positive Zeitungsberichte über Ihre Produkte oder Ihr Unternehmen. Dazu gehören auch Gütesiegel, TÜV- oder DIN-Plaketten, ISO 9000 usw.

⇨ Vorführung der Qualität: Produktdemonstrationen oder Vorführungen sind eine gute Möglichkeit, den Kunden zu überzeugen, solange Sie hierbei einige Dinge berücksichtigen:

- Sie müssen das Produkt beherrschen, und es muss einwandfrei funktionieren.

- Achten Sie darauf, dass der Kunde sich zu diesem Zeitpunkt auch entscheiden kann (Handlungsunfähigkeit). Es nützt Ihnen heute nichts, ein Produkt vorzuführen oder Muster zu verschicken, wenn die Entscheidung erst ein halbes Jahr später gefällt wird. Die Begeisterung des Kunden wird nicht so lange anhalten, und Sie haben Zeit verschenkt.

⇨ So genannte „Probestellungen" oder „Tests" beim Kunden sind mit Vorsicht zu genießen. Hier spielen sehr viele Faktoren eine Rolle, die Sie nicht beeinflussen können. Beispielsweise brauchen manche Bediener eine Weile, bis sie sich an eine Neuerung gewöhnt haben. Klappt nicht alles sofort, fällt das Gerät im „Test" durch. Überdies verpflichten Wörter wie „Probe" oder „Test" den Kunden zu nichts, was so viel bedeutet, dass er Ihnen ruhigen Gewissens eine Abfuhr erteilen kann. „Es war ja sowieso nur ein Test", ist dann der übliche Kommentar. Es hat sich heute eingebürgert, dass Muster verschickt und Geräte zur Probe aufgestellt werden, ohne dass sich der Kunde zu irgendetwas verpflichtet. Bei manchen Produkten mag das sinnvoll sein. Grundsätzlich jedoch funktioniert professionelles Verkaufen so nicht. Ein erfolgreicher Verkäufer erspart seinem Unternehmen die Kosten, sein Produkt oder seine Dienstleistung wie „sauer Bier" zur Probe anzubieten, wenn hieran keinerlei Bedingung geknüpft ist. Eine Produktdemonstration beim Kunden sollte nur dazu dienen, die vorher besprochenen und vertraglich festgehaltenen Details zu bestätigen oder gegebenenfalls Änderungen vorzunehmen. Auch heißt es dann nicht „Test", sondern „Pilot-Projekt".

2. Gewichten

Natürlich gibt es auch Unsicherheiten oder Bedenken des Kunden, die Sie durch Erklären nicht lösen können. Beispielsweise wenn eine Erklärung einen Nachteil Ihres Produkts aufdecken würde. In diesem Fall ist es sinnvoll, grundsätzlich abzuklären, wie wichtig diese Frage dem Kunden ist und noch einmal andere erarbeitete Nutzen in Erinnerung zu bringen oder neue zu entwickeln.

Missverständnis

> Eine Frau gab, bevor sie in Urlaub fuhr, einem Maler den Auftrag, ihre Wohnung eierschalenfarben zu streichen. Aus dem Urlaub zurückgekommen, traf sie fast der Schlag. Alle Wände waren braun bemalt. Als sie den Maler zur Rede stellte, zeigte dieser ihr ein braunes Ei, woraufhin Sie aus ihrem Kühlschrank ein weißes Ei holte.

Sollte es hier zu einem Rechtsstreit kommen, möchte ich nicht in der Haut des Richters stecken. Mehr gibt es zu diesem Thema eigentlich auch nicht zu sagen. Es ist grundsätzlich die Aufgabe des Verkäufers, sich zu vergewissern, ob er den Kunden richtig verstanden hat. Wenn es trotzdem einmal zu einem Missverständnis kommt, so sollte es schnellstmöglich aufgeklärt werden. Manche Verkäufer „belehren" den Kunden hierbei gerne schon einmal. Vermeiden Sie das bitte. Ihr Kunde hat es nicht nötig, sich belehren oder schulmeistern zu lassen.

Haben Sie das Missverständnis aufgeklärt, nehmen Sie das Gespräch an der Stelle wieder auf, an der es unterbrochen wurde.

Zusammenfassung

Einwandbehandlung

Taktische Behandlung:
- Innehalten.
- Fragen zur Klärung.
- Einwand prüfen.
- Einwand behandeln.
- Überprüfen, ob Einwand erledigt ist.

Arten von Einwänden	⇨ Behandlung
• Gleichgültigkeit	Neue Bedarfsanalyse, neue Problembereiche aufdecken.
• Handlungsunfähigkeit	Je nach Situation eine technische bzw. taktische Lösung anbieten.
• Unsicherheit	Erklären, gewichten, Beweise anbieten, Referenzen, Prüfberichte, Vorführungen.
• Missverständnis	Klären, vergewissern, ob richtig verstanden, Gespräch wieder aufnehmen.

11. Der Umgang mit Vorwänden

Vorwände können grundsätzlich in allen Kategorien von Einwänden auftreten. Der Kunde nennt einen Scheingrund, um den wirklichen Einwand zu verbergen. Deshalb sind Vorwände bestens geeignet, den Verkäufer an den Rand des Wahnsinns zu treiben. Der Verkäufer weiß ja nicht, dass er es mit einem Vorwand zu tun hat, und versucht deshalb, ihn wie einen Einwand zu behandeln. Das ähnelt dann oftmals Don Quijotes Kampf gegen die Windmühlen. Aus diesem Grund ist es für Sie entscheidend, herauszufinden, ob es sich bei der Aussage des Kunden um einen Einwand oder einen Vorwand handelt. Wichtig ist natürlich auch, im Laufe der Zeit ein Gefühl dafür zu entwickeln, wann es sich um einen Vorwand handeln könnte. Oftmals können Sie schon am Verhalten des Kunden erkennen, dass etwas nicht stimmt. Wenn Sie den Vorwand behandeln wollen, wird der Kunde nämlich

– sich abweisend verhalten,

– nicht über Ihre Lösungsvorschläge nachdenken,

– auf Ihre Vorschläge sofort neue Vorwände erheben.

Wenn der Kunde so reagiert und Sie den Eindruck haben, es könnte sich um einen Vorwand handeln, versuchen Sie bitte nicht, den Kunden durch sachliche Argumente zu überzeugen, auch dann nicht, wenn Ihre Argumente richtig und stichhaltig sind. Der Kunde wird Ihnen später nämlich verübeln, dass Sie ihm diese Niederlage zugefügt haben.

Es gibt nun viele Methoden und Vorschläge, wie Sie einen Einwand von einem Vorwand unterscheiden können. Am elegantesten ist es natürlich, dem Kunden eine solche Niederlage zu ersparen. Wenn Sie, und davon gehe ich aus, kultiviert verkaufen möchten, bedienen Sie sich der „Angenommen, dass ..."-Methode, die bestens dazu geeignet ist, den wirklichen Einwand des Kunden herauszufinden.

Beispiel:

Kunde: „Leider kann ich mit Ihrem Angebot nichts anfangen."

Verkäufer: „Wieso?"

Kunde: „Ihre Lieferzeiten sind für uns zu lang."

Verkäufer: „Angenommen, wir könnten schneller liefern. Wären Sie dann bereit, bei uns zu bestellen?"

Kunde: „Nein. Auch dann nicht."

Verkäufer: „Es existiert also noch ein weiterer Grund, der gegen eine Zusammenarbeit spricht?"

Kunde: „Und ob. Haben Sie Ihre Preise einmal mit denen Ihrer Konkurrenz verglichen? Sie sind viel zu teuer!"

Verkäufer: „Hm. Nehmen wir einmal – rein hypothetisch natürlich – an, ich könnte Ihnen beweisen, dass unsere Produkte im direkten Vergleich sogar preiswerter sind. Würden Sie dann bei uns bestellen?"

Kunde: „Dann könnten wir uns eher über die Sache unterhalten."

Der Verkäufer ist auf den ersten vom Kunden genannten Grund (Lieferzeiten) gar nicht eingegangen. Mit diesem „Ablenkungsmanöver" hat er sich dann langsam zum wirklichen Einwand vorgearbeitet. Folgendes Schema zeigt Ihnen, wie Sie sich den Ablauf eines solchen Gesprächs vorstellen können. Ich habe es aus dem wirklich lesenswerten Buch von *Michael Birkenbihl, Schnellkurs zum totalen Verkäufer* (Bamberg, 1991) entliehen, weil es einleuchtender nicht dargestellt werden kann.

Kunde:	Nein
Verkäufer:	Warum?
Kunde:	Grund Nr. 1 / Vorwand oder Einwand?
Verkäufer:	Angenommen, dass ...
Kunde:	Antwort — Ja / Nein
	Problem erledigt
Verkäufer:	Warum?
Kunde:	Grund Nr. 2 / Vorwand oder Einwand?
Verkäufer:	Angenommen, dass ...
Kunde:	Ja, dann schon ...
	Problem endgültig erledigt.

Sie sollten hierbei jedoch wechselnde Formulierungen verwenden. Andernfalls merkt Ihr Kunde bereits nach dem dritten Satz, was Sie vorhaben. Benutzen Sie anstatt „Angenommen, dass ..." auch Ausdrücke wie:

- „Gesetzt den Fall, ich könnte Ihnen zeigen ..."
- „Wenn das nicht so wäre, würden Sie dann ..."
- „Falls ich Ihnen ..., würden Sie ..."
- „Vorausgesetzt, dass ... "

Diese Methode ist selbstredend kein Allheilmittel. Es gibt Situationen im Verkauf, bei denen Sie – um erfolgreich zu sein – den direkten Weg gehen und auf eine Klärung, ob Vor- oder Einwand besteht, verzichten müssen. Hierbei stellt sich zwar erst im Nachhinein heraus, mit welcher Aussage Sie es zu tun hatten, ist aber insofern vorteilhaft, dass Sie sich Klarheit über Ihre Lage verschaffen. Wenn der Kunde Ihnen nämlich einen Vorwand nach dem anderen auftischt und Sie sich ausgiebig damit befassen, können Sie unter Umständen sehr sehr lange mit diesem Kunden beschäftigt sein. Besonders unentschlossene Kunden bringen meist am Ende der Verhandlung, wenn eigentlich alles klar ist, noch irgendeinen Vorwand, warum sie gerade heute nicht unterschreiben können. Das ist dann so ein Fall, bei dem Sie – ob Vorwand oder Einwand – Ihre Chance nutzen müssen, weil es erfahrungsgemäß keine zweite gibt.

Beispiel:

Sie haben in der Verhandlung Nutzen entwickelt und wollen langsam zum Abschluss kommen.

Kunde: „An sich ist die Sache ja klar. Ich muss nur noch meinen Steuerberater fragen, ob ich kaufen oder leasen soll."

Verkäufer: „Hat Ihr Steuerberater Telefon?"

Kunde: „Ja."

Verkäufer: „Dann rufen Sie ihn doch kurz an."

Oder:

Kunde: „An sich ..."

Verkäufer: „Dann mache ich Ihnen folgenden Vorschlag: Sie unterschreiben mir einen Kauf- und einen Leasingvertrag, und wenn Sie mit Ihrem Steuerberater gesprochen haben, sagen Sie mir, welchen von beiden ich vernichten soll."

Wenn der Steuerberater als Vorwand gedient hat, wird dem Kunden schon noch etwas einfallen, damit er nicht unterschreiben muss. In diesem Fall ist für Sie die Verhandlung beendet. Irgendwo ist Ihnen vorher ein Fehler unterlaufen, den Sie im Nachhinein nicht mehr korrigieren können. Ruft der Kunde seinen Steuerberater jedoch an oder unterschreibt die Verträge, handelte es sich um einen wirklichen Einwand, den Sie elegant gelöst haben.

Übrigens können auch manche Vorwände von vornherein vermieden werden, weil sie oftmals vom Verkäufer „hausgemacht" sind. Auch hier kommen wir wieder auf die Bedarfsanalyse zurück. Wenn ein Kunde handlungsunfähig ist, dies aber nicht zugeben will, wird er einen Vorwand nach dem anderen vorbringen, um sich nicht bloßzustellen. In Handwerksbetrieben ist es beispielsweise oft so, dass die Frau für die Buchhaltung zuständig ist und somit in Sachen Geldausgeben das Sagen hat. Welcher Mann gibt aber gerne zu, dass er sich erst mit seiner Frau besprechen muss? Wenn Sie das nicht vorher klären, sind Sie im Zweifelsfall sehr lange mit dem Kunden beschäftigt.

Vielen Vorwänden können Sie aus dem Weg gehen, indem Sie in Ihren Verkauf folgende Überlegungen einbeziehen:

⇨ Ist der Kunde hier und heute handlungsfähig?

⇨ Ist es mir wirklich gelungen, sein Interesse zu wecken?

⇨ Habe ich meinerseits Interesse an der Situation des Kunden gezeigt?

⇨ Ist es mir gelungen, sein Vertrauen zu gewinnen?

Wenn Sie sich diese vier Fragen in Zukunft immer wieder stellen, werden Sie sich mit wesentlich weniger Vorwänden auseinandersetzen müssen.

Lösungen

Seite 15

Der konkrete Bedarf ist: 1A / 2B / 3B / 4B / 5A / 6B / 7B / 8A / 9B / 10B

Seite 20

1. Merkmal		Die Dauer von drei Tagen ist eine Eigenschaft des Kurses.
2. Vorteil		Der Zusatz der Maschine zeigt die Einsatzmöglichkeit beziehungsweise den eventuellen Vorteil für den Kunden.
3. Vorteil		Das Merkmal ist der Heftrand. Der Vorteil des Merkmals besteht darin, dass keine Information verloren geht.
4. Merkmal		Die Brennweite ist eine Eigenschaft des Objektivs.
5. Vorteil		Das Merkmal ist (siehe 1.) die Dauer des Kurses.
6. Merkmal		Der Überzug des Leders ist eine Eigenschaft. Die Aussage „eigens dafür entwickelt" beinhaltet keinerlei Vorteil.
7. Merkmal		Es handelt sich um eine einfache Eigenschaft des Schlosses. Ein Vorteil würde sich nur aus einer Formulierung wie: „aufgrund der ... erhalten Sie größtmögliche Sicherheit" ergeben.
8. Vorteil		Die Eigenschaft der freien Steckplätze zeigen dem Kunden den möglichen Vorteil.
9. Vorteil		Wie 8.

10. Merkmal	In dieser Aussage weist nichts darauf hin, welcher Vorteil sich für den Kunden ergibt beziehungsweise wie er die Verkleinerungsstufen nutzen kann.

Seite 22

1. Kein Nutzen	Es handelt sich lediglich um einen vermuteten Bedarf, aus dem kein Nutzen entwickelt werden kann.
2. Nutzen	Es wird eine Verbindung zwischen dem Produktmerkmal (60 Kopien/Min.) und dem vorgebrachten Bedarf hergestellt.
3. Kein Nutzen	Auch wenn viele Verkäufer versuchen, ihre Kunden so zum Kauf zu überreden, stellt diese Aussage keinen Nutzen dar.
4. Kein Nutzen	Die Aussage über den Bedarf, nämlich eine Änderung durchzuführen, ist zu allgemein gefasst, um sie in Verbindung mit einer Unternehmensberatung zu bringen. Es kann ja auch die Umstellung des Fuhrparks gemeint sein.

Seite 27

1. Vorteil	Das Merkmal – die automatische Stummschaltung – zeigt, welchen Vorteil sie dem Anwender bieten *kann*. Der Wunsch, die Konzentration beizubehalten, wurde nicht vorgebracht.
2. Merkmal	Hierbei handelt es sich um Fakten über das Rettungsboot.
3. Vorteil	Die Aussage zeigt, welchen Vorteil das Merkmal – entspiegelter Monitor – für den Anwender haben *könnte*. Da kein konkreter Bedarf genannt wird, handelt es sich um keinen Nutzen.

4. Merkmal	Es werden die Geschäftsbedingungen erläutert. Eine bei einem Vorteil anwendbare Beschreibung wie zum Beispiel: „durch ... erhalten Sie ...", würde nicht nur Verwirrung stiften, sondern auch den Kaufpreis in Frage stellen.
5. Vorteil	Dieses Beispiel zeigt, wie das Merkmal (Dolby-Taste) dem Kunden eine Hilfe (auch bei älteren Kassetten) sein *kann*. „Durch ... erhalten Sie ..."
6. Nutzen	Das mobile Computersystem mit Internet-Anschluss stellt einen konkreten Bedarf dar. Der Verkäufer beschreibt, wie das Produkt diesen Bedarf deckt.
7. Vorteil	Fälschlicherweise wird grundsätzlich vorausgesetzt, dass Geld sparen für jeden Kunden einen Nutzen darstellen muss. Solange der Käufer dies jedoch nicht konkret zum Ausdruck bringt, handelt es sich lediglich um einen Vorteil.
8. Vorteil	Auch hier wird lediglich gezeigt, dass der Vorteil (die höhere Haltbarkeit) durch das Merkmal (hierfür entwickelter Kunststoff) eine Hilfe sein *kann*. Ein konkreter Bedarf hierfür wurde seitens des Kunden nicht geäußert.

Seite 39

1. Orientierungsfrage	Frage nach einem Detail (Menge) der bestehenden Situation.
2. Orientierungsfrage	Fragt nach Hintergrundinformationen.
3. Problemfrage	Sucht (fragt) nach möglichen Problemen.
4. Problemfrage	Wie 3.
5. Orientierungsfrage	Frage nach Daten.

6. Problemfrage	Eruiert Probleme oder Schwierigkeiten.
7. Orientierungsfrage	Frage nach Fakten.
8. Problemfrage	Forscht nach möglicher Unzufriedenheit.
9. Orientierungsfrage	wie 7.

Seite 43

1. Auswirkungsfrage	Es wird keine Lösung angeboten. Das Problem wird ausgebaut.
2. Lösungsfrage	Die Lösung (das System) wird ermittelt.
3. Auswirkungsfrage	Ausbau des Problems, keine Lösung.
4. Lösungsfrage	Direkte Frage nach einer Lösung.
5. Lösungsfrage	wie 2.

Seite 45ff.

1. Orientierungsfrage	Frage nach betrieblichen Gegebenheiten.
2. Orientierungsfrage	Frage nach Details des Arbeitsablaufs.
3. Problemfrage	Frage nach Schwierigkeiten beziehungsweise Unzufriedenheit.
4. Problemfrage	Ausbau des Problems.
5. Auswirkungsfrage	Macht die Auswirkung deutlich.
6. Auswirkungsfrage	Ausbau der Auswirkung.
7. Lösungsfrage	Frage danach, ob eine Lösung gewünscht ist.

8. Lösungsfrage	Frage nach dem Gewinn, der durch die Lösung gemacht wird.

Seite 52

1. Orientierungsfrage	Frage nach Hintergrundinformationen.
2. Orientierungsfrage	Frage nach organisatorischen Hintergründen.
3. Problemfrage	Die Orientierungsfrage (ob Büromaschinen überhaupt im Einsatz sind) wurde schon geklärt. Anschließende Frage nach Zufriedenheit.
4. Orientierungsfrage	Fragt nach Details der bestehenden Situation (diese Frage kann auch zur Problemfrage werden, wenn die Anlage häufig defekt ist und oft gewartet werden muss.)
5. Orientierungsfrage	Fragt nach organisatorischen Hintergründen.

Seite 53

1. Orientierungsfrage	Fragt nach weiteren Informationen zur Organisation.
2. Problemfrage	Fragt nach einem Problem, das einen konkreten Bedarf zeigen könnte.
3. Problemfrage	Wie 2.
4. Problemfrage	Wie 2.
5. Orientierungsfrage	Fragt nach organisatorischen Details.
6. Problemfrage	Fragt nach möglichen Problemen in der Zukunft, die durch heutige Änderungen entstehen können.

7. Problemfrage	Eine Verbesserung kann ja nur erzielt werden, wenn die derzeitige Situation nicht vollauf zufrieden stellend ist.
8. Problemfrage	Wie 2.
9. Orientierungsfrage	Fragt nach Hintergrundinformationen. Allerdings könnte sich hieraus eine Problemfrage entwickeln, wenn es Schwankungen geben sollte und die Produktionsspitzen nicht bewältigt werden können.
10. Problemfrage	Fragt direkt nach möglichen Zeitproblemen.
11. Problemfrage	Mögliche Probleme werden erforscht, indem nach möglichen negativen Konsequenzen gefragt wird. (Bitte verwechseln Sie diese Frage nicht mit der Auswirkungsfrage. In dieser Situation ist noch nicht bekannt, ob der Ausfall der Anlage wirklich ein Problem darstellt. Der Kunde könnte auch antworten: „Dann legen wir die Kapazität auf die zweite Anlage. Die ist sowieso nicht ausgelastet.")

Seite 54

1. Auswirkungsfrage	Erforscht die negativen Konsequenzen eines vorher genannten Problems (lange Lieferzeiten).
2.	Im Zusammenhang mit Frage 1 handelt es sich um eine Lösungsfrage. Allein betrachtet ist sie unsinnig.
3. Problemfrage	Fragt direkt nach Problemen einer bestehenden Situation.

4. Auswirkungsfrage	Baut das Problem (minderwertige Qualität) aus.
5. Orientierungsfrage	Fragt nach Informationen der Organisation.
6. Auswirkungsfrage	Erforscht, inwieweit das Problem (Ware zu lange unterwegs) negative Konsequenzen hat.
7.	Allein betrachtet ist die Frage hier irrelevant. In einem bestimmten Zusammenhang kann es eine Lösungsfrage sein.
8. Auswirkungsfrage	Die möglichen negativen Konsequenzen (hoher Arbeitsanfall) werden erforscht.

Seite 55

1. Lösungsfrage	Hier geht es um die Lösung (Verkürzung um einen Tag) und den Wert, den diese für den Kunden darstellt.
2. Auswirkungsfrage	Erforscht die Konsequenzen des Problems (Zeitverlust).
3. Lösungsfrage	Die gezeigte Lösung ist die Reduzierung der Überstunden um 80 Prozent. Der Wert besteht aus den sinkenden Kosten.
4. Auswirkungsfrage	Hier wird das Problem weiterentwickelt.
5. Orientierungsfrage	Hier werden lediglich Hintergrundinformationen gesammelt.
6. Lösungsfrage	Frage nach dem Vorteil einer Lösung.

Seite 78

2. / 3. / 6.

Seite 87

1. Entscheider
2. Entscheider und Anwender (Wartezeiten bedeuten Kosten)
3. Entscheider und Anwender (falls Konzentration auf einen Arbeitsablauf Zeitverlust bedeutet, wichtig für Anwender und wenn hierdurch Kosten entstehen, wichtig für Entscheider.)
4. Entscheider
5. Anwender
6. Anwender (sichere Position). Vorsicht! Es kann sein, dass eine Änderung für ihn nur wünschenswert ist, wenn er hierdurch seine Unentbehrlichkeit behält.

Literatur

Berne, Eric: *Spiele der Erwachsenen.* 5. Auflage, Reinbek 2002.

Bosworth, Michael T.: *Solution Selling.* New York 1995.

Cialdini, Robert B.: *Die Psychologie des Überzeugens.* Bern 2007.

Fink, Klaus-J.: *Bei Anruf Termin.* 3. Auflage, Wiesbaden 2005.

Goldmann, Heinz M.: *Wie man Kunden gewinnt.* 14. Auflage, Berlin 2005.

Kettler, Carsten: *Erfolgreich verkaufen im Direktvertrieb.* Norderstedt 2005.

Lug, Maria/Niehaus, Kurt: *Verkäufer verkauft nicht!* Oberursel 1999.

Rentzsch, Hans-Peter: *Kundenorientiert verkaufen im Technischen Vertrieb.* 3. Auflage. Wiesbaden 2003.

Sickel, Christian/Kapp, Walter: *Strategisch verkaufen im Team.* Wien 2005.

Sidow, Hans D.: *Key Account Management.* Heidelberg 2002.

Silbitzer, Harald: *Erfolgreiche Verkaufspräsentation.* Wien 2004.

Wage, Jan L.: *GeWINnend kommunizieren in Beratung und Verkauf.* Wien 1999.

Wage, Jan L.: *Pack den Auftrag.* Wien 1999.

Stichwortverzeichnis

A
Abschluss 143
Akquisitionsphase 106
„Angenommen, dass ..."-Methode 187
Anwender 81
Assistenz 113
Atmosphäre, gelöste 38
Aussagen
– greifbare 12
– unbestimmte 12
Auswirkungen 162
Auswirkungsfragen 50, 54, 62, 74, 88, 93
– planen 158

B
Bedarf
– konkreter 11
– nicht objektiver 64
– veränderbarer 16
– vermuteter 11
Bedarfsanalyse 173
Bedenken 179
Betriebsfaktoren 86
Birkenbihl, Michael 188
Buying-Center 58

D
Detail- und Preisdiskussion 153

E
Einstiegs-Phase 133
Einwand 162ff.
Einwandbehandlung 162ff.
– konfektionierte 161
Entscheider 81
– kaufmännisch denkender 82
– praktisch denkender 83
Eröffnungsphase 37, 58, 67

F
Fehler, häufigste 38
Fortgang 147
Fortschritt 147

G
Gewichten 184
Gleichgültigkeit 173

H
Handlungsunfähigkeit 174

I
Innehalten 169

J
Joint-Action-Plan 148

K
Kategorien 168
Kaufmotiv, häufigstes 28
Kostenfaktoren 86
Kreativität 166
Kundentypen 81

L
Lösungsfragen 55, 64, 77, 90, 95

M
Merkmale 18, 22
Missverständnis 184
Mitbewerb 63, 178

N
Nutzen 21ff., 93ff., 151ff.

O
Orientierungsfragen 49, 52, 56, 66, 86

P

Phasen eines Kundenbesuchs 133
Probleme 38
Problemfragen 50, 53, 59, 70, 87, 92
Produkteigenschaft 86

R

Referenzen 182

S

Sekretärin 113
Strategie 35
Struktur eines Kundenbesuchs 139

U

Unsicherheit 179

V

Veranschaulichen 181
Verhörcharakter 38, 49, 69
Verkaufsgespräch 38
— Eröffnungsphase 37, 58, 67
— häufigster Fehler 38
— nutzenorierntiertes 26
— typisches (negativ) 24
— Verlauf (erfolgreich) 26
Verkaufssituation, typische 24
Vorführung 183
Vorgehensweise 169
Vorteile 18, 22
Vorwand 187

W

Wert-Rechnung 152

Z

Zeitpunkt für Fragen 56
Ziel 146

Der Autor

Christian Sickel hat das Verkaufen in multinationalen Unternehmen von der Pike auf gelernt. Er ist heute Partner der Infoteam Sales Process Consulting AG, die sich auf Verkaufsproduktivität, Umsatzwachstum und Ertragssteigerung spezialisiert hat. Zu ihren Kunden zählen unter anderem Arcor, Cisco, Compaq, Oracle, SAP, Siemens, Wincor Nixdorf und Xerox.

Wenn Sie Kontakt mit dem Autor aufnehmen möchten, wenden Sie sich bitte an:

Christian Sickel
Stadtwaldgürtel 52
D-50931 Köln
Telefon +49-221-4062-147
Telefax +49-221-4062-148
mailto: csickel@christiansickel.de

Für Ihren Verkaufserfolg

Verkaufspsychologie – ganz praktisch

Kunden sind heute einer rasanten Informationsflut ausgesetzt. Um eine Informationsüberlastung zu vermeiden, hat der Organismus Wahrnehmungsstrategien entwickelt, die zur Entlastung die Informationen auswählen. Im Rahmen eines Verkaufsgesprächs können diese Strategien als Schalter angesehen werden, die den Konsumenten auf „Kaufen" und „Nichtkaufen" schalten. Dieses Buch zeigt Verkäufern die „Kauf-" und „Nichtkaufschalter" auf. Sie bekommen konkrete Handlungsanweisungen, wie sie den Schalter ihres Kunden in den einzelnen Phasen eines Verkaufsgesprächs auf „Kaufen" stellen können.

Ralf-Peter Prack
**Beeinflussung
im Verkaufsgespräch**
Wie Sie beim Kunden
den Schalter auf „Kauf" stellen
2008. 172 S. Br.
EUR Ca. 26,90
ISBN 978-3-8349-0630-4

Der erste Leitfaden für Zusatzverkäufe in Call Center und Kundenservice

Das Buch vermittelt die wesentlichen Grundlagen für erfolgreiches Cross- und Up-Selling und stellt praktische Umsetzungsbeispiele dar.

Tanja Hartwig
genannt Harbsmeier
**Mehr Profit mit Cross-
und Up-Selling**
Wie Sie im Kundenservice Zusatzverkauf implementieren und umsetzen
2008. Ca. 192 S. Br.
ISBN 978-3-8349-0786-8

Mehr Kunden, mehr Abschlüsse und mehr Umsatz im Lösungsvertrieb

Die Autoren liefern 30 aufeinander aufbauende Schritte für den erfolgreichen Vertriebsprozess. Der Leser erfährt, wie man den Zielmarkt richtig bestimmt, ein Verkaufsgespräch geschickt führt, ein Angebot aufbaut, was bei einer Präsentation zu beachten ist und vieles mehr. Ein Zusatzkapitel erläutert, wie die Zusammenarbeit mit Partnern im Lösungsvertrieb funktioniert. Praktische Beispiele, Schaubilder und Checklisten erleichtern die Umsetzung in die Praxis.

Robert Klimke | Manfred Faber
Erfolgreicher Lösungsvertrieb
Komplexe Produkte verkaufen: In 30 Schritten zum Abschluss
2008. Ca. 176 S. Br.
EUR Ca. 32,00
ISBN 978-3-8349-0649-6

Änderungen vorbehalten. Stand: Januar 2008.
Erhältlich im Buchhandel oder beim Verlag.
Gabler Verlag . Abraham-Lincoln-Str. 46 . 65189 Wiesbaden . www.gabler.de

Marketing für erfolgreiche Unternehmen

So erreicht Ihre Marke die richtige Zielgruppe

Erfolgreiche Marken- und Zielgruppenkommunikation heißt, Produktidentität und Werbebotschaften mit den Werten der Zielgruppen in Einklang zu bringen. Hierfür liefert das Semiometrie-Modell den geeigneten Ansatz. Die Autoren zeigen, wie Semiometrie in Marketing, Werbung und Media-Strategie erfolgreich eingesetzt werden kann. Abgerundet wird das Buch durch ein semiometrisches Wörterbuch, in dem Werte- und Wortwelten einander zugeordnet werden.

André Petras | Vazrik Bazil
Wie die Marke zur Zielgruppe kommt
Optimale Kundenansprache mit Semiometrie
2008. 192 S. Mit 40 Abb. Geb.
EUR 39,90
ISBN 978-3-8349-0596-3

Die praktische Gebrauchsanweisung für alle, die neue Produkte einführen

Dieses Buch liefert erstmals eine systematische Gebrauchsanweisung, die den Marketingverantwortlichen Schritt für Schritt zeigt, wie sie die gezielte Suche nach neuen Produktideen, deren thematische Entwicklung und die planvolle Einführung gekonnt organisieren und steuern. Konkrete Beispiele und Checklisten erleichtern die Umsetzung in die eigene Praxis.

Rainer H.G. Großklaus
Neue Produkte einführen
Von der Idee zum Markterfolg
2008. 248 S. Mit 98 Abb. Geb.
EUR 46,00
ISBN 978-3-8349-0499-7

Alles, was Sie über erfolgreichen Markenaufbau im Tourismus wissen müssen

Adjouri und Büttner schildern eingehend und praxisnah, welche Strategien Marken im Bereich Tourismus verfolgen. Anhand von zahlreichen Praxisbeispielen zeigen sie anschaulich, wie erfolgreiche Marken im Tourismus arbeiten. Der Leser bekommt einen Leitfaden an die Hand, der ihm hilft, selbst eine erfolgreiche Markenstrategie im Tourismus zu entwickeln und umzusetzen.

Nicholas Adjouri | Tobias Büttner
Marken auf Reisen
Erfolgsstrategien für Marken im Tourismus
2008. 283 S. Geb.
EUR Ca. 46,00
ISBN 978-3-8349-0581-9

Änderungen vorbehalten. Stand: Januar 2008.
Erhältlich im Buchhandel oder beim Verlag.
Gabler Verlag . Abraham-Lincoln-Str. 46 . 65189 Wiesbaden . www.gabler.de

Erfolgreiches CallCenter Management

Die wichtigsten Call-Center-Begriffe von A bis Z

Rund um Call Center und Kundenservice hat sich eine Vielzahl neuer Begriffe in den Bereichen Organisation, Management, Technik und Praxis entwickelt. Das „Call Center Lexikon" liefert eine umfassende Übersicht über die gebräuchlichsten Begriffe und erklärt diese kurz und verständlich. Die alphabetische Gliederung ermöglicht eine schnelle Orientierung. Eine wertvolle Arbeitshilfe, die auf den Schreibtisch jedes Call-Center-Managers und -Mitarbeiters gehört!.

Simone Fojut
Call Center Lexikon
Die wichtigsten Fachbegriffe der Branche verständlich erklärt
2008. 195 S. Geb.
EUR 36,00
ISBN 978-3-8349-0594-9

Mit einem schlagkräftigen Innendienst die Erträge steigern

Ein starker Innendienst, auf den sich die Verkäufer hundertprozentig verlassen können, ist ein entscheidender Faktor für den unternehmerischen Erfolg. Wie aber kann sich der einst eher passive Innendienst von der Auftragsabwicklungs-Abteilung zur aktiven Service- und Verkaufszentrale entwickeln? Die Autoren beschreiben nachvollziehbar und anschaulich, wie es Unternehmen gelingt, ihren Innendienst zu einem verkaufs- und kundenorientierten Dienstleister für den Vertrieb umzustrukturieren.

Helga Schuler | Stephan Haller
Der neue Innendienst
Mehr Vertriebsproduktivität durch die interne Service-Firma (ISF)
2008. 171 S. Mit 38 Abb. Geb.
EUR 39,90
ISBN 978-3-8349-0579-6

Professionell telefonieren, kommunizieren und verkaufen

Ratgeber für Verkäufer und Call Center Agents: von der Gesprächsvorbereitung über die Gesprächseröffnung, das Kerngespräch und den Gesprächsabschluss bis hin zur Nachbereitung. Die Leser lernen Techniken kennen, die sie sofort in ihrer täglichen Telefonverkaufspraxis umsetzen können. Extra: exemplarische Telefonskripten und Mustergespräche. Wertvolle Tipps für alle, die ihr Gegenüber am Telefon noch besser überzeugen wollen.

Lothar Stempfle | Ricarda Zartmann
Aktiv verkaufen am Telefon
Interessenten gewinnen - Kunden überzeugen - Abschlüsse erzielen
2008. 188 S.
Br. EUR 24,90
ISBN 978-3-8349-0555-0

Änderungen vorbehalten. Stand: Januar 2008.
Erhältlich im Buchhandel oder beim Verlag.
Gabler Verlag . Abraham-Lincoln-Str. 46 . 65189 Wiesbaden . www.gabler.de